ハンディシリーズ
発達障害支援・特別支援教育ナビ
柘植雅義◎監修

本田秀夫 編著

発達障害の早期発見・早期療育・親支援

- 本田秀夫
- 稲田尚子
- 日戸由刈
- 吉川　徹
- 杉山　明
- 北野　希
- 若子理恵
- 今井美保
- 岩佐光章
- 工藤哲也
- 山口葉月

金子書房

「発達障害支援・特別支援教育ナビ」の刊行にあたって

　2001年は，新たな世紀の始まりであると同時に，1月に文部科学省の調査研究協力者会議が「21世紀の特殊教育の在り方について ～一人一人のニーズに応じた特別支援の在り方について～」という最終報告書を取りまとめ，従来の特殊教育から新たな特別支援教育に向けた転換の始まりの年でもありました。特に画期的だったのは，学習障害（LD），注意欠如多動性障害（ADHD），高機能自閉症等，知的障害のない発達障害に関する教育の必要性が明記されたことです。20世紀の終わり頃，欧米などの他国と比べて，これらの障害への対応は残念ながら日本は遅れ，国レベルでの対応を強く求める声が多くありました。

　しかし，その2001年以降，取り組みがいざ始まると，発達障害をめぐる教育実践，教育行政，学術研究，さらにはその周辺で深くかかわる福祉，医療，労働等の各実践，行政，研究は，今日まで上手い具合に進みました。スピード感もあり，時に，従来からの他の障害種から，羨望の眼差しで見られるようなこともあったと思われます。

　そして14年が過ぎた現在，発達障害の理解は進み，制度も整い，豊かな実践も取り組まれ，学術研究も蓄積されてきました。以前と比べれば隔世の感があります。さらに，2016年4月には，障害者差別解消法が施行されます。

　そこで，このような時点に，発達障害を巡る種々の分野の成長の全容を，いくつかのテーマにまとめてシリーズとして分冊で公表していくことは非常に重要です。そして，発達障害を理解し，支援をしていく際に，重要度の高いものを選び，その分野において第一線で活躍されている方々に執筆していただきます。各テーマを全体的に概観すると共に，そのテーマをある程度深く掘り下げてみるという2軸での章構成を目指しました。シリーズが完成した暁には，我が国における発達障害にかかわる教育を中心とした現時点での到達点を集めた集大成ということになると考えています。

　最後になりましたが，このような画期的なアイデアを提案して下さった金子書房の先見性に深く感謝するとともに，本シリーズが，我が国における発達障害への理解と支援の一層の深まりに貢献してくれることを願っています。

2014年9月

シリーズ監修　柘植雅義

Contents

第1章	早期発見・早期療育・親支援はなぜ重要なのか？
	·· 本田秀夫　2

第2章	早期発見から早期支援へ
	·· 本田秀夫　11

第3章	早期発見・早期療育の地域システム
	·· 若子理恵　18

第4章	スクリーニングツールの効能と限界
	·· 稲田尚子　28

第5章	早期療育の文献的エビデンス
	·· 今井美保　38

第6章	早期療育のエッセンス ──集団化の意義と臨床実践の要点
	·· 日戸由刈　50

第7章	早期発見をめぐる親の葛藤への支援
	………………………………………………………… 岩佐光章　61

第8章	ペアレント・トレーニングとペアレント・メンター
	………………………………………………………… 吉川　徹　71

第9章	地域の幼稚園・保育園における支援
	………………………………………………………… 工藤哲也　81

第10章	早期療育から学校教育への移行
	………………………………………………………… 杉山　明　90

第11章	当事者からみた早期発見・早期療育・親支援
	………………………………………………………………………　99

1 育児相談を受ける時に知っておきたかったこと
　　　　………………………………………………………… 山口葉月　99

2 療育の経験を通して学んだこと・変化したこと
　　　　………………………………………………………… 北野　希　102

第1章

早期発見・早期療育・親支援はなぜ重要なのか？

本田秀夫

1 二次的な問題の予防のために

　近年の発達障害に対する認識の高まりによって，早期支援の問題の焦点は，ごく弱く発達障害の特性を有するものの，それが生涯にわたって社会適応の障害を呈して支援を要する状態といえるかどうかの判断が難しいケースへと移ってきている。発達障害は，「障害」と「非障害」との境界が生物学的あるいは症候学的には決めにくい。もちろん症状が強いケースでは明らかに社会不適応となることが多いのだが，症状がごく弱いケースでも深刻な社会不適応を呈することがある。ごく弱くでも発達障害の特性を示す群をすべて合わせて「発達特性群」，そのうち典型的な発達障害の症状を示し，それが主要因で社会不適応を呈する群を「狭義の発達障害群」，発達特性を有し，さらに他の精神症状や精神障害が併存する群を「併存群」とすると，この三者は図1-1のような関係をなす（本田, 2012）。「狭義の発達障害群」と「併存群」の和集合（図1-1のa+b+c）を「広義の発達障害群」とすると，成人期に障害対応が必要となるのはこの広義の発達障害群である。発達特性群のうち広義の発達障害群を除いた部分（図1-1のd）は，発達特性がありながらも社会適応している群であり，実際の社会の中にそのような人は実にたくさん存在している。発達の「障害」というよりも，発達のしかたが一般の人とわずかに異なる，「発達マイノリティ」とでもいうべき人たちである。狭義の発達障害群との重なりの部分を除いた併存群（図1-1のc）は，二次的な問題や他の精神障害の発症がなければ臨床事例にならなかったと思われるケースである。発達特性がごく弱い人の中には，周囲の人と自分との違いに悩む，誤解されて孤立するなどの問題が生じることがあり，その結果として抑うつや不安などの精神症状の出現，いじめ被害，不登校，ひ

きこもりといった二次的な問題を呈することがある。実際に臨床事例として専門家の前に現れたときにはきわめて対応が難しくなっていることが少なくない。このようなcとdの群の関係は，「影と光」にたとえられる（本田，2013c）。

　発達特性のある人たちすべてに「障害」の刻印を押す必要はない。もちろん，狭義の発達障害群ではいずれ手帳取得などの障害対応が必要となるが，それ以外の群（図1-1のc+d）は，成人期に発達特性は残るが社会適応できる状態にまで支援することが目標となる。早い時期から発達の特性に応じた育て方，接し方を親や周囲の人たちが知っておくことによって，二次的な問題を予防し，もし二次的な問題が生じかけたときに迅速に対応できる準備をしておくこと重要である。したがって，たとえごく弱くでも乳幼児期に何らかの発達特性がみられる場合には，発達特性に即した早期支援を開始する方がよい。

2 早期療育は「最初のボタンかけ」

早期療育は，その後の継続支援の方向性を定める，いわば「最初のボタンかけ」である（本田，2015）。スタートが早ければ治るかもしれないとの期待を抱

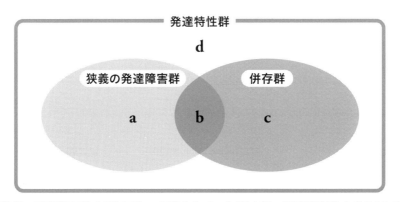

「狭義の発達障害群」と「併存群」の和集合（a+b+c）が「広義の発達障害群」と考えられる。乳幼児健診では，発達特性群全体をいったんはフォローアップの対象とすべきである。

（本田（2012）より転載）

図1-1　発達特性の有無と発達障害との関係

かされて特定の治療法に親がのめりこみ，的外れな支援を続けてしまった結果として，社会適応の促進どころかむしろ深刻な二次的な問題を呈して社会参加から退却を余儀なくされた事例が，思春期前後に筆者の外来を受診することがある。このような「ボタンのかけ違い」を少しでも減らすことが，良識ある専門家の役割であろう。

　発達障害の症状の軽減を当面の目標とすることが多少はあってもよいが，その延長上に将来の症状消失を想定することは厳に慎まなければならない。とくに幼児期に症状が軽度の子どもでは，ちょっと頑張らせれば症状が軽くなるように見えるため，支援者が安易に症状消失を目標とする可能性があり，それが後の心理的変調出現の危険因子となり得る。早期療育でまず強調しておく必要があるのは，精神保健的アプローチの重要性である。いわゆる定型発達の里程標にとらわれることなく，個々の子どもが安心して生活できる環境をまず保障してから，その安心を保ちつつ無理なくできる範囲で教育的アプローチを導入するのが基本である。

（1）安心できる環境の保障

　どのような環境が子どもにとって安心できるかということ自体にも，発達特性が色濃く反映される。たとえば，人（乳幼児期はなかでも親）を他の物（生物・非生物を問わず）と別格に位置づけて特別な感情を抱くという一般の人たちにとっては当然のことが，自閉スペクトラム症の乳幼児にとっては必ずしも当然ではない。また自閉スペクトラム症の人たちは，聴覚的な情報よりも視覚的な情報に強く注意が偏向することが多い。さらに，人（とくに親）との特別な情緒的な結びつきを基盤として互いに共通の感性を感じ合うことで「絆」を深めるといった流儀は，自閉スペクトラム症の子どもたちにとって興味がもてないだけでなく，それを押しつけられることによって苦痛を感じることすらある。「言葉かけをたくさんしてあげて，言葉を育みましょう」などと指導された親が熱心に言葉かけをすると，聴覚情報に興味がもてない自閉スペクトラム症の子どもはむしろ親を避けるようになる。あるいは，「言わなくてもピンとくる」ことによって互いの絆を感じ合うようなことを求められる社会集団では，マインドリーディングの苦手な自閉スペクトラム症の子どもたちは完全に取り

残されてしまう。本人にとってわかりやすいシンプルな言葉だけが聞こえてくるような環境の中で，暗黙の了解を求められず，必要な視覚的情報が十分に提供されることによって，理解，見通し，そして安心が得られるのが，自閉スペクトラム症の人たち特有の心性である。

（２）「構造化」による自律スキルとソーシャル・スキルの学習

　十分に安心できる環境に置かれると，発達障害の子どもたちは，特に他者から教わらなくとも良好な視覚的認知能力を用いて必要な情報を独力で学習していく。このような学習を促す有効な手法が，いわゆる「構造化」である。

　構造化は，発達障害の子どもたちにとっては対人関係の基盤もなす。ここで鍵となるのが，自律スキルとソーシャル・スキルである（本田，2013b；2014a；2014c）。自律スキルとは，自分にできること，できないこと，好きなこと，嫌なことを自分で判断できることであり，発達障害の子どもたちに身につけてもらいたいソーシャル・スキルとは，できないことや嫌なことを他者に相談して手伝ってもらう力である。これらを幼児期から教えていくためには，他者と合意しながら物事を行っていく習慣を身につけることが肝要である。「合意」とは，誰かの提案に他者が同意することである。提案するためには自律的判断が必要であり，他者の提案に対して同意することは，その提案が自分にとって納得できるものであるかどうかの判断と，他者と自分の意見の照合が要求される。幼児期には，「いま，このタイミングでこの内容を呈示したら，子どもがやる気になるだろう」と予測できるものを中心に据えて視覚的構造化の手法を用いながら情報呈示する。もし子どもが嫌がったら，それ以上は無理強いしない。子どもの側から見ると，「この人の提示する情報は，やる気になれることが多い」ということは案外よく覚えている。そこに，独特の信頼関係が徐々に形成される。早期から自分にとって有意義な活動を提案してくれる支援者がたくさんいる状況で育つと，人に対する信頼関係が形成されやすくなる。

　自律スキルについては，年齢が上がるとともに，自分で物事を構造化することを少しずつ練習していく。個々の理解力やコミュニケーションの力に応じて，自分のやることの計画を立て，予定表を作るなどの視覚化を練習していく。ソーシャル・スキルでは，いわゆる「ホウレンソウ（報告・連絡・相談）」を少し

ずつ教えていく。「一人でできる」ことだけが目標ではなく，「人に報告ができる」，何かあったときに「人に相談ができる」ということが大事である。「何かを人と一緒にやって，よい結果に終わった」という体験を幼児期から積み重ねていると，そのような習慣が身につきやすい（本田, 2014c）。

（3）社会参加促進のためのコミュニティづくり支援

　社会的少数派である発達障害の人たちは，何の配慮もなされずにただ多くの人たちと同じ場に存在していても，独力で対人関係を形成し，維持，発展させていくことが困難である。このことに無頓着なまま「一緒に存在する場」のみを漠然と提供し続けると，かえって孤立感や自信の欠如につながる可能性がある。とくに，社会性の発達以外の発達には著明な遅れや異常がないタイプの自閉スペクトラム症の人たちは，孤立感や自信の欠如を一層明確に感じてしまい，それがきっかけとなって社会不適応が遷延化する場合がある。彼らの社会参加を促進するためには，孤立せず自信を持って安心して参加できる活動拠点を保障することが求められる。

　ここで鍵となるのは，共通の認知発達と興味を介したコミュニティづくりである（本田, 2013a；本田＆鮫島, 2014）。事前に個別の評価を行って認知発達と興味を詳細に把握し，これらにおいて共通項の多いメンバーからなる小集団を形成することによって，構成メンバー全員が十分な理解と興味をもって意欲的に参加できる集団活動のプログラムを遂行することが可能となる。活動内容をしっかりと把握して意欲的に活動に参加することができるようになることは，社会不適応の予防にも直結する。

3　最も重要なのは親支援

　早期支援で最も重要なのは，親支援である。発達特性を消去することが現在の技術ではきわめて難しいという見通しを，親をはじめとする周囲の人たちが早くから知っておく必要がある（本田, 2013b）。巷間で行われている「治療法」の中には，この最も重要な見通しを明確に伝えないままで，目の前の問題の改善を試みるものがある。細かい目の前の問題が少しずつ改善するため，親や周

囲の人たちが発達障害の完治を期待すると，それが徐々に焦りを生み，子どもに無理な課題を設定しがちとなる。期待が裏切られ始めることに伴い，徐々に子どもに対して否定的な感情が生まれてくる親もいる。子ども自身も，このような状況が続くと自己評価を下げてしまう。これはまさに，二次的問題の出現に直結する。こうした「治療法」で行われている技法のすべてがいけないわけではないが，問題は，子どもの将来について，親にどのような見通しを与えるかである。

発達特性が強く残る場合と，他の問題を併存する場合は，いずれ福祉的支援が必要となる。これらの人たちは，どうしても一定の割合で存在する。しかし，発達障害の症状が消失しないことを全否定してはいけない。特徴が残っても社会生活の中でうまく活用できる部分もあること，症状が残ることよりも二次的な問題の発生を予防することの方が重要であることを，しっかりと伝える必要がある。その上で，親が子どもの発達特性を理解し，二次的問題の発生予防の視点とそのためにやるべきこと，やってはならないことを整理し実践できるよう，教育的側面と親自身の精神保健の側面の両面から支援していく（清水＆本田, 2012）。

(1) 親への問題の指摘と診断の告知

早期発見の精度が高くなると，乳幼児期の親支援における最大のテーマは，「子どもの発達に問題があることを家族に対して誰が，いつ，どのように伝えるべきか」となる（本田, 2013c）。親がわが子の発達の問題に気づくのは，知的障害を伴う自閉症で1歳半頃（Ornitz et al, 1977），アスペルガー症候群で2歳半頃であるとの報告がある（Howlin & Asgharian, 1999）。これらの報告では，子どもが発達障害の診断を確定される時期がそれよりも2〜4年遅く，そのために親が不安な期間を過ごすことになると指摘する。ところが，いざ1歳半健診で子どもの発達の問題に専門家が気づいた時，すぐその場で親に伝えることもまた，きわめて難しい。保育士や幼稚園教諭が子どもの発達の問題に気づいた場合もまだ同様である。保健師，保育士，幼稚園教諭などが子どもの問題に気づいても，親が同様に子どもの問題に気づいているのかどうかはわからない。仮に気づいているとしても，親はその問題を将来にわたって続き，成人

後も固定する発達障害であるとまで捉えてはいない。この時期の親は,「子どもの発達の問題に気づいて心配である」状態と「今見えている問題は一過性であり,いずれ消失すると思いたい」状態との間で,アンビバレントな心理状態に置かれることになる。

　子どもの発達の問題を親に伝える際には,子どもの発達に得意な領域と苦手な領域があることを具体的に示すこと,および,その特性が生涯続く可能性が高いことを確実に伝えることが重要である。その上で,苦手な領域の訓練に比重をかけ過ぎることが二次的な問題のリスクを高めること,得意な領域を伸ばすことによって本人の自己肯定感を高めることこそが最も必要な支援であることを伝えなければならない。

　医師による診断の告知も同様である。乳幼児期では,発達特性があることまではわかっても,成人期に障害者手帳が必要な状態なるのかまでは予測ができない場合が多い。しかし,発達特性がどんなに弱くても見られる場合,発達特性が将来なくなると安易に太鼓判を押すことは厳に戒めるべきである。診断名を伝えるかどうかは保留せざるを得なくても,その子どもが示す発達特性をきちんと解説し,そのような特性は将来にわたって程度の差はあっても残る可能性があることを伝えるべきである。その際,発達の特性を解消することを目標にするのではなく,二次的な問題が将来併存することを予防することが目標であることを明確に伝える必要がある。親は,現象面ではわが子の特徴に気づいている場合が多い。その特徴が将来障害として固定するかどうかは医師の説明を聞いてもピンとこないかもしれないが,そうした特徴をもつ子どもが社会集団で疎外されるのではないかという漠然とした不安を持っていることは多い。そうした不安に共感し,早期から支援することで予防が十分可能であると伝えることは,親にとっても将来の展望の一部が示されることになる。

（2）親のパーソナリティや家族内力動の評価と対応

　子どもの発達の問題について伝えたときに,すべての親が一様な捉え方をするわけではない。子どもの発達の問題を親に伝えるにあたっては,事前に親のパーソナリティや家族内力動について評価を行う必要がある。

　一部の親では,子どもの状態について理にかなった判断がどうしてもできな

いことや，専門家の提案や助言をどうしても受け入れられず，自分の判断と希望に強く固執することがある。そのような場合，親自身に何らかの特殊な心理特性があり，それが時に病理的水準に達していることもある。なかでも，自閉スペクトラム症，自己愛的防衛，統合失調症などの心理特性を有する親が一部に存在し，専門家との見解のずれがなかなか修正されないことがある。これらの心理特性を有する親に対しては，基本的には精神保健的アプローチを中心としながらも，専門家側が提示できるプログラムの枠組みを明確に示し，子どもに心理的負荷がかかり過ぎて不適切な方針を親が執拗に要求することを防ぐ必要がある（本田, 2014b）。

　子どもの特性に配慮した支援を的確に開始し，軌道に乗せるためには，親が安定した精神状態で子どもの障害を理解し，前向きにわが子の育児に臨むことが必須である。親は，子どもを育てる立場であると同時に，障害のある子どもをもつことによる悩みを抱える立場でもある。したがって親支援も，精神保健的アプローチと教育的アプローチとの両面から進めなければならない（本田, 2013c）。

【引用・参考文献】

Howlin, P., Asgharian, A. (1999) The diagnosis of autism and Asperger syndrome: findings from a survey of 770 families. Developmental Medicine & Child Neurology. 41, 834-839.

本田秀夫（2012）発達障害の早期発見・早期療育システム－地域によらない基本原理と地域特異性への配慮．そだちの科学．18, pp.2-8. 日本評論社．

本田秀夫（2013a）発達障害の子どもを早期発見・早期支援することの意義．精神科治療学．28（11），1457-1460.

本田秀夫（2013b）自閉症スペクトラム－10人に1人が抱える「生きづらさ」の正体．ソフトバンククリエイティブ．

本田秀夫（2013c）子どもから大人への発達精神医学－自閉症スペクトラム・ADHD・知的障害の基礎と実践．金剛出版．

本田秀夫（2014a）発達障害の早期支援．精神療法．40（2），299-307.

本田秀夫（2014b）親の対応に苦慮する発達障害の幼児症例．精神科治療学．29（10），1243-1248.

本田秀夫（2014c）高機能自閉症スペクトラムの支援－児童期．「精神科治療学」編集委員会（編）．精神科治療学．第29巻増刊号（発達障害ベストプラクティス－子どもから大人まで），pp.259-261. 星和書店．

本田秀夫,鮫島奈緒美（2014）発達障害の人たちの社会参加促進を目指すコミュニティづくり支援．臨床心理学．14, 813-817.

本田秀夫（2015）自閉スペクトラム症－早期療育・継続支援から見えてきたこと．臨床精神医学．44（1），19-24.

Ornitz, EM., Guthrie, D., Farley, AH. (1977) The early development of autistic children. Journal of Autism and Childhood Schizophrenia. 7, 207-229.

清水康夫,本田秀夫（編著）（2012）幼児期の理解と支援―早期発見と早期からの支援のために．金子書房．

第2章

早期発見から早期支援へ

本田秀夫

1 地域システムの必要性

　知的障害や自閉症の早期発見は，わが国の一部の地域が世界の先陣を切って1歳半健診を起点として推進してきた。たとえば横浜市では，1990年前後に生まれた子どもたちに対する1歳半健診を起点としたスクリーニングで，すでに自閉症に対して感度81％，発達障害に対する特異度100％という，当時としてのみならず20年以上たった現在において国際的にみても驚異的な高精度で早期発見がなされていた（Honda et al, 2005; 2009）。

　いま国際的に発達障害の早期発見のためのツールが精力的に開発され，一部は邦訳されて用いられ始めているものの，ツールを用いるだけではわが国の先進的な地域の発見精度には到底及ばない。発達障害の早期支援は，地域の行政が関与したシステム化が肝要であり，そのシステムの中のサブシステムを担う機関とそこで働く専門家の技術が鍵となるのである。システムと専門家の配置がうまくいけば，ツールを少し活用するだけで発達障害の早期発見の精度が飛躍的に改善する可能性がある。

2 基本的な地域システム・モデル

（1）早期発見に適した時期

　診断確定の時期は，発達障害の種類によっても異なる。たとえば運動，言語，社会性など，どのような領域の発達に異常がみられるのかによって，定型的な発達との差異が明確になりやすい時期がある。したがって，ある程度の高い精度

で早期発見が可能となる時期も，障害によって異なる（清水＆本田，2012）。発達特性が重度であればあるほど低年齢のうちに社会不適応が出現しやすい。たとえば重度の知的障害は運動機能の発達の遅れで乳児期後半には異常に気づかれるし，中度〜軽度の知的障害は，言葉の発達の遅れを指標にすれば1歳半健診で把握できる。自閉症も，知的障害を伴う典型例であれば1歳半健診で十分に把握可能である。一方，発達特性が軽度であればあるほど顕在化が総じて遅くなる。知的障害のない発達障害（高機能自閉症，アスペルガー症候群，ADHD，学習障害など）は，主として学童期に集団生活や学業において問題が発現しやすい。ということは，この群にとっての「早期」とは幼児期後半ということになり，3歳児健診および幼稚園・保育園の集団生活の中での発見が重要となってくる。

（2）抽出・絞り込み法

　1歳半健診を起点に位置づける場合，そこでの把握もれに対するフェイル・セーフとして3歳児健診を位置づけるとよい。1回限りの健診の場だけで精度高くスクリーニングすることは困難である。そこで，最初の健診の段階では発達障害を含め何らかの支援ニーズがありそうなケースをすべて抽出し，家庭訪問や電話相談，親子で参加する遊びの教室，臨床心理士による個別の相談などのさまざまな育児支援活動を通して絞り込んでいくというプロセスをとる。このプロセスを筆者らは「抽出・絞り込み法（Extraction-Refinement Strategy）」と名づけた（Honda et al, 2009）。育児に関するさまざまな相談を継続的に行っていくための端である乳幼児健診を抽出段階，続くフォローアップ活動を絞り込み段階とする。「育児支援」という枠組みを明確にもつことにより，親の精神保健への配慮が可能となり，高い倫理性と精度をもって発達障害の早期発見を行うことができる。

　フォローアップを行う際には，細く長く，常に診断の場への紹介を念頭に置きながら行うことが重要である（本田，2012）。たとえば母子保健と学校教育との連携では，せめて年に1回程度は学校へ保健師が巡回して，自分たちが幼児期に関わった事例の近況について把握する，などの仕組みを作るべきである。発達の評価と支援を行う専門機関への紹介が必要だと判断したら，可能な限り

親にそのことを説明し，順次紹介していくよう心がける。

(3) インターフェイスを明示した基本システム・モデル

地域支援システムをつくるには，基本的なシステム図を描いておく必要がある。その際，具体的な支援の場をサブシステムとして想定するだけでなく，それらをどのような関係でつなぎ，連携させるかも意識しておかなければならない。そのためには，つなぎ・連携を主たる機能とするインターフェイスをシステム図の中に明記しておくとよい。

横浜市における支援の地域システムづくりにあたり筆者らが考案した早期発見のシステム・モデルであるDISCOVERYおよび早期支援のシステム・モデルであるCHOICEを図2-1に示す（Honda & Shimizu, 2002；本田，2009）。

DISCOVERYでは，一貫した支援を保証するために，「発見」と「診断」との間，および「診断」と「療育」との間にインターフェイスを設置し，連携の円滑化，緊密化を固有の役割とする。幼児期では，診断と評価が未確定である，

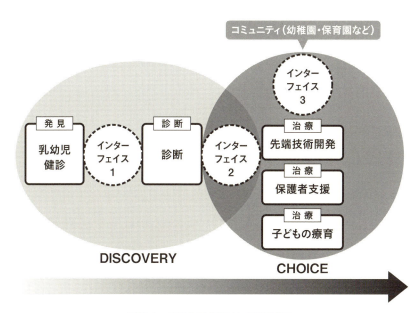

図2-1　DISCOVERYとCHOICE

療育への親の動機づけが難しい，などの理由で，診断から療育へのスムーズな移行が困難であることがしばしばある。そこで，早期介入を2つのステップに分け，診断・評価の精緻化と親への動機づけを目的とした短期間の療育の場を「オリエンテーション・プログラム」として初診の後に設置している。CHOICEでは，子ども向けの早期療育のほかに保護者支援に重点を置いたプログラム，幼稚園や保育所のインクルージョンをメインとする子どもたちと，その場となる園を対象としたインクルージョン強化支援プログラムを開発し，これをインクルージョンの場との共時的インターフェイスとして位置づけている。

3 具体的な実践

システムづくりには，地域ごとの特性を配慮する必要がある（髙橋，2008）。人口規模，自治体の経済状態，住民の社会経済階層，専門の支援者を養成する教育機関の有無などのさまざまな要因によって，具体策には共通点と相違点が生じてくるかもしれない。（本田，2014a; 2015）

（1）大規模自治体

政令指定都市（概ね人口50万人以上）や中核市（概ね人口20万人以上）の中には，子どもの療育のための総合的なセンターを設置し，「児童発達支援センター」の機能と診療機能を併せて持たせ，そこを拠点として診療・早期療育・地域連携を行っているところがある。このような施設があれば，専門家をそこに集約させて発達障害の特性に特化した専門的な早期療育を保障することができる。課題としては，児童発達支援センターに定員が設けられるため，療育サービスを受けられない子どもたちが出る可能性があることである。施設サービスを中心としたシステムの場合，定員オーバーした子どもたちへの対策が逆にきわめて手薄になってしまう。また，診療所機能をもつと，逆にすべてのケースに対して診断がなされることを前提とした，いわゆる「医療モデル」の支援システムに偏るため，発達特性があっても診断の必要まではないケースが支援の対象からはずれてしまう。

横浜市では，知的障害が軽度の子どもたちの一部と知的障害のない発達障害

の子どもたちが児童発達支援センターの療育を受けることができず，これらの子どもに対する支援ニーズが爆発的に高まったため，市内9か所の地域療育センターに児童発達支援センターとは別に新たに児童発達支援事業所を設置し，各センター約50名の子どもに対して週1回の療育プログラムを提供している。このように専門施設を拡充できるのは，大規模自治体の利点である。

（2）小規模自治体

　総合的な専門施設を作ることが難しい小規模自治体の場合，中度〜重度の知的障害の子どもたちを受け入れる（診療所の併設されていない）単独の児童発達センターくらいしか専門施設がない。知的障害のない発達障害のケースに対しては，市町村の保健師と地域の医療機関が連携しながら発見と診断を行い，地域の幼稚園・保育園でインクルージョンしていくしか方法がない。そこで，地域の幼稚園・保育園がインクルージョンを強化できるよう支援していくためのプログラムが必要となる。また，各市町村のそれぞれに高度な専門性のある機関を設置することは困難であるため，県（圏域）の基幹となるセンターを設置するなどの工夫が必要となる。たとえば，発達障害者支援センターと医療機関などをうまく結びつけて，複数の市町村からなる担当地域を設定して対応するなどの方法が，各都道府県で工夫され始めている。

　発達障害の早期支援の対象を必ずしも医療が必要ではないケースにまで広げるとすると，医療モデルのみで対応することは合理的でない。そこで筆者は，「日常生活水準の支援」（「レベルⅠ」），「専門性の高い心理・社会・教育的支援」（「レベルⅡ」），「精神医学的支援」（「レベルⅢ」）からなる3階層モデルによる支援システムづくりを提唱している（本田，2013）。レベルⅠの支援を担うのは，乳幼児期は市町村の母子保健や幼児教育（保育）であり，レベルⅢの支援を担うのは，児童精神科の医療機関である。専門的支援に関する現場の主役は多くの場合，レベルⅡの支援である。これを担うべき機関やスタッフを特定したシステムづくりが必要である。

　DISCOVERYモデルに3階層モデルの考え方を導入して修正したモデルを図2-2（次頁）に示す（本田，2014b）。市町村の母子保健事業は，従来から行っている乳幼児健診はレベルⅠだが，発達障害が疑われた子どものフォローアッ

プや評価・診断へのつなぎ（共時的インターフェイス），さらには幼稚園・保育園との継時的インターフェイスの機能も求められる。これらはレベルⅡの機能になる。発達障害者支援センターなど，発達障害に対する専門性の高い相談機関は，レベルⅡである。山梨県では，発達障害者支援センター機能と診療所機能を合わせた総合センターとして「県立こころの発達総合支援センター」を設置している。これは，レベルⅡとレベルⅢの支援を一か所で行える新しいタイプの支援センターとして注目される（本田，2014c）。

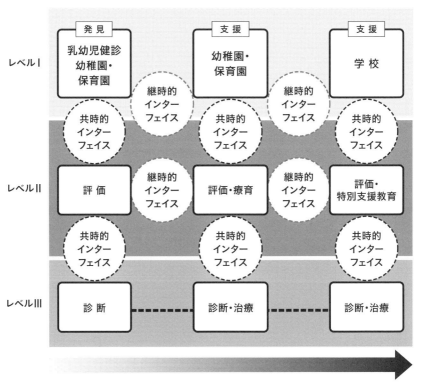

図2-2　発達障害の子どもと家族への地域支援の基本モデル

【引用・参考文献】

Honda, H., Shimizu, Y., Imai, M., and Nitto, Y. (2005)Cumulative incidence of childhood autism: a total population study of better accuracy and precision. Developmental Medicine and Child Neurology.47,10-18.

Honda, H., Shimizu, Y., Nitto, Y., Imai, M., Ozawa, T., Iwasa, M., Shiga, K., and Hira, T. (2009)Extraction and Refinement Strategy for detection of autism in 18-month-olds: a guarantee of higher sensitivity and specificity in the process of mass screening. Journal of Child Psychology and Psychiatry. 50, 972-981.

本田秀夫（2009）広汎性発達障害の早期介入－コミュニティケアの汎用システム・モデル－．精神科治療学．24（10），1203-1210．

本田秀夫（2012）発達障害の早期発見－保健師に求められること－．保健師ジャーナル．68 (11), 962-967．

本田秀夫（2013）子どもから大人への発達精神医学－自閉症スペクトラム・ADHD・知的障害の基礎と実践－．金剛出版．

本田秀夫（研究代表者）：厚生労働科学研究費補助金障害者対策総合研究事業（2014a）発達障害児とその家族に対する地域特性に応じた継続的な支援の実施と評価－平成25年度総括・分担研究報告書（H25－身体・知的－一般－008）．

本田秀夫（2014b）発達障害の早期支援．精神療法．40(2), 299-307．

本田秀夫，山梨県立こころの発達総合支援センター子育て支援合同委員会監修（2014c）子育て支援と心理臨床．8, pp. 117-121．

本田秀夫（研究代表者）：厚生労働科学研究費補助金障害者対策総合研究事業（障害者政策総合研究事業（身体・知的等障害分野））（2015）発達障害児とその家族に対する地域特性に応じた継続的な支援の実施と評価－平成26年度総括・分担研究報告書（H25－身体・知的－一般－008）．

清水康夫，本田秀夫（編著）（2012）幼児期の理解と支援－早期発見と早期からの支援のために－．金子書房．

高橋 脩（2008）広汎性発達障害，注意欠陥/多動性障害等の早期発見と対応に関する研究．厚生労働科学研究費補助金こころの健康科学研究事業．発達障害（広汎性発達障害，ADHD，LD等）に係わる実態把握と効果的な発達支援手法の開発に関する研究（主任研究者 市川宏伸）平成17～19年度総合研究報告書, 5-9．

第3章

早期発見・早期療育の地域システム

若子理恵

1 はじめに

　障害児の主流が重症心身障害や知的障害だった時代には，障害の気がつかれ方（早期発見）はシンプルであった。また乳幼児期の発達支援の対象となる子どもも支援者たちも限られていた。しかし，発達障害概念の拡がりにより対象児数は爆発的に増加し，発見の時期や場も多様化した。支援者の数も立場も拡がり，顔が見える連携や個人的なつながりだけでは不十分となった。気づきや支援の場によらず継続したサポートを得るために，子どもが暮らす地域に合った早期発見と早期支援のあり方が「システム」として成立することが求められるようになったのである。なお，本章では，乳幼児期から発見や支援を必要とする「自閉症」を中心に述べる。

2 早期発見のシステム

（1）乳児期での発見

　発達障害児の多くは，発育や運動発達は遜色がなく乳児医療の場で発見されにくい。家庭でも「人見知りがない」などの乳児兆候は問題とされず，夜泣きやカンの強さなども普遍的な気質の問題と捉えられ発達に関係するとは思われにくい。後方視的研究では乳児期後期より一部の自閉症の発見は可能とされるが確実ではない。子どもの状態が発達特性なのか，産後うつなど育児環境の影響などによるものか，混在しやすい時期でもある。育児相談や3か月健診などで，育児支援の必要な母親と表情が乏しいなどハイリスク児を発見した保健師

などが助言とともに環境因の除外をし，事後フォローをすることで確実な発見につながると考えられる。

（２）幼児期前期での発見

　保護者にとって発達障害は身近なものではなく，情報があふれる昨今でも自ら診断機関に来ること少ない。大多数は１歳半・３歳児健診や子育て支援センターでの相談や指摘により気づかれる。乳幼児健診は世界に誇るべき制度であるが，言葉の遅れなどよりも健診の場での行動ややり取りの中でみられる特性から発見される。子どもの経験不足や保護者の育児知識やセンスの少なさも念頭に置きつつ発達の未熟さによる可能性が検討される。保護者の主訴も，落ち着きのなさやかんしゃくといった育てにくさを挙げることが多い。障害かどうかの判断や診断機関への紹介より，外来療育や発達相談など，「集団活動や他児と接する経験」や「母親が関わり方を学ぶ機会」を提供し「継続的に相談ができる育児支援のシステム」に乗せることが優先される。障害の有無が確定する前でも，支援の提供が遅れないようにしたい。発達障害では「早期発見，早期診断後に対象を絞って早期療育」という流れより，「先に対象を広くした発達支援，育児支援があり，定型発達児との比較や経過の中から早期診断につながる」流れが現実的である。

（３）幼児期後期での発見

　社会参加としてよりよい集団生活を送るために，就園まで，遅くとも就学までに特性に合った関わりや経験の積みあげが開始されることが望まれる。健診や育児相談から支援につながらない場合にも発見の機会が就学前に設定されているとよい。１つは小児科など身近で相談しやすい医療機関である。この場合，発見後の受け皿となる専門医療機関とのネットワークが大切である。もう１つは，集団参加の場である保育園や幼稚園である。マイペースが保てる家庭よりも，園での姿から保育士が他児との違いを気づきやすいこともある。しかし，保育士たちは子どもの様子や行動への対応に悩みつつも，確実に発達の問題かどうか慎重にならざるを得ない。専門機関や児童相談所などが園訪問や相談などを行い，「子どもにどう援助すべきか」「相談機関を保護者に勧めるとよいか」

といった助言をするなど「施設支援」が有用である。バックアップがあって初めて発見機関の役割を果たせるからである。

3 早期支援のシステム

(1) 集団参加への支援

　自閉症児も3歳ぐらいから周囲への関心が広がるが，一斉指示に従う集団生活よりもマイペースが保たれる生活を好み，同世代の複数の子どもとほどよい関係はとりにくい。就園時には発達段階に無理なく，園生活が設定されることが大切であり，就園前に準備を行い，就園後も継続して伸びやすい環境設定や関わりを行い，発達促進を援助する必要がある。

(2) 就園前の外来療育での早期支援

　社会性の発達が未熟な発達障害児では，家庭生活から集団参加への移行を丁寧に行う方がよい。低年齢から就園させるより，先に挙げた「グループ活動や他児と接する集団経験」「母親が遊び方や関わり方を学ぶ機会」として通園療育が利用できるとよい。「通園療育」とは，緩やかな枠組みでの集団保育を日課にそって通園施設で行うものである。「発達に心配がある子ども」を対象に「容易でシンプルな課題」を「少人数」で「大人との関係を軸に」設定する。

　児童発達支援事業所など専門通園施設での療育が代表的だが，それ以外に就園前に緩やかな参加ができるものも増えている。療育センターの外来療育，保健センターの健診事後教室から発展した集中介入のクラス，通園施設に併設した低年齢の週1回クラスなど形態や規模，レベルは様々である。保護者は担任に目の前の子どもの発達を一緒に確認しながら相談ができる。診断のある場合は発達特性やそれにマッチした関わり方の効果を実感でき，後に診断を受ける場合にもわが子のどこを相談するべきかを明らかにしての受診ができる。また，家族同士の情報交換を通して家庭療育のヒントやモデルが得られ，保護者への実際的な援助となる。

（3）就園後の保育・幼児教育における支援

　統合保育は，障害児が一般の保育園や幼稚園で定型発達児の中で発達支援を受けるもので，一般的な保育の中に特性にあった対応が加味されている。

　自閉症では加配の保育士配置，視覚支援を使った日課の提示などの環境の工夫，予告や状況の解説，友人との関わりへの介入などの支援が役立つ。同級生たちにとっても障害を理解し，支援の輪に加わるきっかけになる。保育士が定期的な情報交換を保護者と行い，成長を確認することも家族支援となる。保育所等支援事業や研修などにより専門性を高め支援機関としての質の維持が図られている。

（4）医療からの早期支援

　発達障害臨床で一番求められる役割は，医学的診断にある。発達障害では，医学的治療モデルではなく，支援により，よりよい社会適応をめざす福祉的支援モデルにあてはまり，医療も支援体制の一旦を担っている。

　診断は，発達の特性やレベルを分類，評価することで支援の方向性や必要度を計るツールとなり，また家族や保育職員らが共通認識をもって協力，対応するためのキーワードにもなる。家族が診断を受けた後，失望と不安を抱えるのではなく，医療機関を信頼できる支援者と感じられ希望が得られてこそ受診する意味があると思われる。

4　発達支援のシステムの設定と運営

（1）地域での支援のシステム

　早期発見・早期支援が適切に機能するためには，ただ健診の事後フォロー率を上げたり，療育施設を増加したりすればよいのではない。早期発見後に，想定外の育児を前にして迷う保護者に対して，必要に応じた相談や支援につながらなくては不要な不安を引き起こすだけである。早期支援では，療育・保育・医療現場に高い専門性，適切な支援とともにお互いの連携や円滑な移行が望ま

れる。児童発達支援事業所は全国的に増加し、統合保育も進みつつあるが、異なる方針や力量で活動していると、必要な支援が途切れたり、受ける支援の質的なばらつきが生じたりする恐れもでてくる。重要なのは、子どもの住む地域において、発達に関連する社会資源を最大限に活用し、総合的・継続的に一貫性のある支援が展開されることである。そのためにシステムの設定と組織的な運営が必要となる。

（２）早期支援のシステムの実際

ここで、早期療育のシステムの例として愛知県豊田市での取り組みを取り上げたい（図3-1）。豊田市は人口45万人の中核市で、年間出生数は約4,500人である。子どもの発達に関するセンター的機能をもつ「豊田市こども発達センター」（以下センター）が発達支援システムの中核に置かれている。センターには、通園施設として複数の児童発達支援センターがあるほか、障害児医療に特化した診療所（診断、発達関連の検査、障害児リハビリなど）、子育て支援と早期発見・療育を兼ねた機能をもつ外来療育グループ（1～3歳の年間700人以上の子どもと保護者が利用）、全てのサービスの入り口となる相談支援事業所が設置されている。センターは多機能を備えるが、独立して存在せず、支援システム内の関連機関（保健センター、児童相談所、保育機関など）と協力、情報交換をし、早期支援体制を整備している。

豊田市においても乳幼児健診が主な発見機関であり、後に診断をうける自閉症児の8割が健診で発達に関する指摘や相談の対象となっている。地域園の保育場面や新生児センターのフォロー外来などでも気がつかれる。市内の全園で統合保育が行われ発達障害児がおり、必要に応じて巡回療育相談を受けている。総合病院小児科はセンターの診療所と合同療育勉強会を開催しており、紹介受診もしばしばある。健診で指摘後、保育士や家庭医に重ねて勧められ来訪する例も多い。

1歳半健診後すぐにセンターに連絡をとるケースもあれば、3歳児健診で相談しつつも幼稚園での様子を見てから来所するケースもある。また「すぐ診療所の診察を受けたい」と希望する場合も、診断を受けることに抵抗の強い場合もある。そのため、相談支援事業所が窓口として、外来療育グループへの紹介や、

早期発見・早期療育の地域システム 第3章

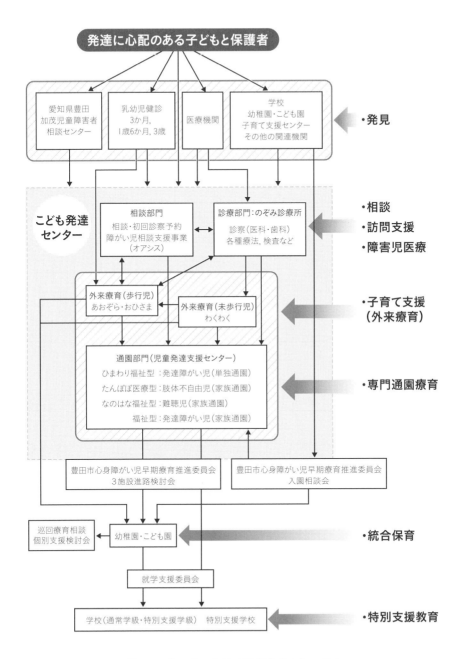

図3-1　豊田市における早期療育のシステム

相談支援としての個別面談、児童精神科の初診予約といった振り分けを、子どもの発達段階や保護者の不安や援助の必要度に合わせて実施している。ここには乳幼児健診を担当する市の保健師が順次派遣されて、人事交流の一つとなっている。

外来療育グループを経て地域の保育園へ移る子どももいれば、児童精神科を受診し発達障害の診断を受け通園施設に通い出す子どももいる。センター内の部門の利用はそれぞれであるが、保護者の了解や希望に沿ってセンターの職員と地域園や学校の職員との情報交換などで連携を取り、発達支援と家族支援を継続させている。例えば通園施設で担任していた保育士が保育所等相談支援事業の担当として卒業後入園先を訪れたり、移行時には詳細な資料を作成し、診療所の診療情報シートも添えて提供し、保育園で文書として残せるように工夫をしたりしている。

センター以外に発達に関わる複数の機関が支援体制を構成しており、どのような役割に特化するかが設定され、相互補完的に発達支援や家族支援を継続できるように協力している。総合的連携として「豊田市心身障がい児早期療育推進委員会」を定期的に開催しており、子どもや障害に関連する市や県の部署のほか、私立幼稚園協会、子育て支援センター、教育委員会なども参加している。ここではそれぞれの専門性を高め、役割を充実させるための共同事業や支援の場をつなぐ事業も実施している。保健師、保育士向けの研修会、センターを会場にした入園相談会、進路検討会、事例検討会などである。先に述べた地域園対象の巡回療育相談もその一つであり、センター職員らが園を訪問する保育課の事業であるが、障害名の有無を問わないところが特徴的である。

委員会では定例的な事業だけでなく、障害児をとりまく社会情勢の変化に合わせてニーズを把握し、支援のあり方や市の政策に反映されるための課題の検討や調査・研究も行っている。外国人障害児実態調査、移行期支援意向調査などである。発見や支援が遅れたケースの追跡研究なども実施し、システムの機能評価も行っている。さらに、このような乳幼児期の取り組みに続く小学校以降の発達支援に「特別支援教育連携協議会」も設置されており、支援の連続性を確保している。

5 システムを設置・管理する自治体

(1) 子どもの住む地域に求められる役割

　豊田市の例では，市が中核となる療育センターを設立し，外郭団体である豊田市福祉事業団が指定管理制度による指定を受けて運営している。早期発見と早期支援のシステム作りと円滑な運営や管理には市町村の関与が欠かせない。

　発達障害者支援法で，市町村は，発達障害の健診での早期発見（第5条）に努めること，早期の発達支援の措置を講じること（第6条）とされている。障害者基本法の改正でも「身近な場所で療育，支援を受けられるような施策」として自治体が発達支援のしくみを作るとなっている。2011（平成23）年の「自立支援法・児童福祉法改正」では，障害児支援（療育）の強化，量と質の確保が図るため，市町村はこれまでの「児童デイサービス」に加え，都道府県が設置してきた「障害種類別（知的障害，難聴，肢体不自由）通園施設」も「児童発達支援」として一元化し管理できることになった。国や県による均一な制度ではなく，子どもの住む地域ごとのシステムの再編，拡充，整備が期待されているのである。

(2) 自治体規模と支援システム

　豊田市こども発達センターには，毎年，全国から多くの視察が地域にあった支援体制のアレンジをどうするか比較検討するために訪れる。システム整備には，その町に根付く民間通園施設，近隣市と共同利用できる医療機関，児童相談所など県のもつ機能など，活用可能な既存の社会資源の地域性が影響する。自治体規模も重要な要因になる。日本には1,741の市町区村（2015年4月時点）があるが，半数以上が人口3万人未満の小規模市町村である。50万人以上の政令市は人口の2割を占めるが数は2％弱にすぎない。人口規模により備えるべき機能も変わってくる。

　まず，人口3万人未満の町村モデルである。健診を中心とした早期発見機能を確保し，保健センターや保育所を利用しての事後教室や療育グループなど発達に関する子育て支援を行うことが必要である。人口1万人未満の場合では，一

般的な子育て支援事業の中で対応できるだろう。専門療育を行う児童発達支援事業所が設置できるとよいが，単独でおけない場合には丁寧な統合保育ができる保育施設が求められる。相談業務は公的な機関が担い，人材育成のための研修などが困難な時は近隣の自治体との共同企画，県の事業などの活用が必要となる。

　次に，人口3万〜20万人の小都市モデルである。上記の早期発見，子育て支援，統合保育に加えて，児童発達支援事業所（中学校区に1つ程度を想定）が設置される。事業所数は限られるので保健センターなどの発見機関と密接な関係が取りやすく，通園療育活動以外に，健診事後のバックアップや療育グループなどの子育て支援の会場としての活用も期待できる。言語聴覚士や作業療法士といった専門職がそこにいるとより充実する。可能であれば地域の核となる児童発達支援センター（発達支援を中心として担当する発達支援事業所よりも支援の幅が大きく，相談機能や保育所等訪問などもできる機能をもったもの）の設置が望ましい。

　3番目に，人口20万人以上の中都市モデルである。行政としても福祉施設の認可など権限の移譲があり，一定の予算規模をもってシステムの運営ができるため，全ての機能を単独で確保できるだろう。この規模の自治体の中には民間の児童発達支援事業所が多数存在する都市も少なくない。その中に家族相談支援，施設支援のできる児童発達支援センターが欠かせないが（約10万人に1か所を想定），できれば障害児専門医療機関を備えたセンター機能をもつ「地域療育センター」があるとよい。障害児医療が集約されると子ども全体の把握がしやすく地域の障害児の特徴や経過などの動向，課題の抽出がしやすくなる。

　最後に，政令市などの大都市モデルである。発達障害児の数も多く，地域療育センターが複数必要となる。児童相談所や発達障害者支援センターも独自で設置することができるので，役割分担や協力体制連携，複数の地域療育センター組織を束ねるための全域にわたるマネージメントが重要である。人口の流出入が多く，アクセスできる専門医療機関も地域内外に多数存在するために，支援を必要とする子どもの存在と支援の実態把握が容易ではないといった問題も起きうる。

6 これからの課題とまとめ

　発達障害の早期発見と支援には様々な課題がある。早期発見の時期や精度の地域格差の是正，診断機能をもつ医療機関の充足，ネットなどで流布する玉石混合の情報への対応，増加する支援機関（児童発達支援事業所など）の専門性の向上，市民への啓発の促進，ハイリスクとなる不適切養育の防止などである。

　これらの課題に取り組む前提として，効率がよい適切なサポート，例えば発達支援，診断の有無によらない家族支援，施設支援などの地域支援が，乳幼児期から組織的に確実に機能するしくみ，すなわち早期支援体制の充実がクローズアップされてきている。それは発達障害が普遍的な存在となりつつあるわが国において優先度の高いテーマといえるだろう。

【引用・参考文献】

高橋　脩（2014）地域における発達障碍の早期診断・早期療育と支援のあり方．国立精神神経センター発達障害早期総合支援研修テキスト．p93-112.

本田秀夫ほか（2015）発達障害児とその家族に対する地域特性に応じた継続的な支援の実施と評価．平成 26 年度総括・分担研究報告書　厚生労働省障害者政策総合事業．

第4章

スクリーニングツールの
効能と限界

稲田尚子

1 発達障害の早期スクリーニングの臨床的意義

　発達障害の早期スクリーニングは，対象者とその家族が必要とする支援やサービスにつなげるための第一歩である。対象者の発達に問題がある可能性や問題の特徴について家族が気づくきっかけとなる。スクリーニングツールを適切に用いて，発達障害を早期発見することで，周囲の大人が彼らの特徴に応じた関わりや環境面の調整をすることができるようになる。その結果，発達が促進され，彼らの情緒面や行動面にきたす二次的な問題を予防でき，また自己理解を促し，将来の社会参加の幅を広げることにつながる。従って，現在では，発達障害の早期発見と早期支援の開始を目的とした早期スクリーニングの必要性に対しては，コンセンサスが得られている。

　本稿では，発達障害の中でも，主に次の4つの障害，自閉スペクトラム症（Autism Spectrum Disorder：ASD），注意欠如多動症（Attention-Deficit/Hyperactivity Disorder：ADHD），特異的学習症（Specific Learning Disorder：SLD），発達性協調運動症（Developmental Coordination Disorder：DCD）を取り上げ，その早期スクリーニングツールを紹介し，またそれらの効能と限界について述べる。

2 発達障害の早期スクリーニングの年齢と早期兆候

　発達障害のスクリーニングを行う年齢の決定は，スクリーニングの効果に大きく関わる重要な要素である。早期発見可能な年齢の下限は，発達障害の種類によって異なる。ASDは1歳半であり，ADHDは5歳，LDは就学後，DCD

は3歳である。ASDについては，従来，確定診断が可能な年齢は3歳とされてきたが，近年，早期兆候である共同注意などの非言語的な社会的行動の発達の非定型性に着目することで，2歳での早期診断が可能となってきた（Johnson et al., 2007; Landa 2008）。また，その早期診断は，3歳以降の確定診断を約8割の正確さで予測することが示され（Kleinman et al., 2008; Lord, 1995），今日では，ASDの早期スクリーニング可能な下限年齢は1歳半と考えられている。ADHDについては，長い間，就学前の幼児に対する診断は難しいと考えられてきたが，4～6歳の幼児におけるADHD診断は，3年後にも約8割連続することが縦断研究によって示されている（Lahey et al., 2004）。一方で，DSM-5（2013）に4歳以前の非常に多様な正常範囲の行動から区別することは困難であると書かれているように，ADHDの早期スクリーニング可能な下限年齢は5歳であると考えられる。LDのうち，就学前の幼児期における早期兆候について最もよく調べられているのはディスレキシアである。発語の遅れ，幼児期の言語表出・理解能力の低さ，文字や本への興味の欠如などが早期兆候として指摘されているが，これらはディスレキシアに特異的ではないため，それによって十分に識別できるわけではない（Maughan & Rutter, 2011）。したがって，LDの早期スクリーニングが可能な下限年齢は，就学後つまり6歳である。DCDは，年齢相応に期待されるものより十分に下手な場合とされる。粗大運動および微細運動の協応性，平衡性，巧緻性，敏捷性などの発達は，神経系の発達と密接なかかわりを持ち，3歳から6, 7歳までの間で飛躍的に伸びるという発達の様相を示す。現在のところ，スクリーニング可能な下限年齢は3歳であると考えられる。このように発達障害のスクリーニングの際には，どの年齢でどの障害のスクリーニングが可能となり，早期兆候にはどのような臨床的意味があるのかを理解しておくことが重要である。

3 早期スクリーニングツール

（1）ASDの早期スクリーニングツール

　M-CHAT（Modified Checklist for Autism in Toddlers：乳幼児期自

閉症チェックリスト修正版；Robins et al., 2001, Inada et al., 2011），SCQ（Social Communication Questionnaire：対人コミュニケーション質問紙，Rutter et al., 2003），PARS-TR（Parent-interview ASD Rating Scale-Text Revision：親面接式自閉スペクトラム症評定尺度テキスト改訂版，PARS委員会，2013），SRS-2（Social Responsiveness Scale-Second Edition：対人応答性尺度第2版，Constantino & Gruber, 2012；Kamio et al., 2013, 2014），CSBS-DP- ITC（Communication and Symbolic Behavior Scales Developmental Profile, Infant-Toddler Checklist：コミュニケーションと象徴的行動尺度発達プロフィール乳幼児チェックリスト，2003）などがASDのスクリーニング目的に使用できる。

M-CHATは，16～30か月の乳幼児を対象とする親評定式の質問紙である。全23項目から構成され，通常1歳6か月までに芽生えが期待される共同注意行動，模倣，対人的関心などの非言語的な対人行動に関する項目が多く含まれ，「はい・いいえ」の2件法で親が回答する。M-CHATを用いた標準的スクリーニング手続きは，親回答および約1～2か月後の専門家による親への電話面接の2段階である。このように，M-CHATを用いたスクリーニングは，1回限りではなく，複数回行う。

SCQは，生活年齢4歳以上（精神年齢2歳以上）を対象とする親評定式質問紙である。「誕生から今まで」と「現在」の2つのバージョンがあり，スクリーニング目的に使用するのは「誕生から今まで」である。ASD特性に関する40項目から構成され，誕生から今までのすべての期間，あるいはASD症状が最も顕在化する4歳0か月から5歳0か月までの12か月間に焦点を当て，「はい・いいえ」の2件法で親が回答する。米国で提案されているカットオフ値は15点であり，日本におけるカットオフ値は現在検証中である。

PARS-TRは，日本オリジナルの親面接尺度であり，3歳から成人まで使用できる。全57項目から構成され，年齢や発達による症状を考慮して，3つのライフステージ別に，幼児期34項目，児童期33項目，思春期・成人期33項目に分けられている（一部共通の評定項目がある）。年齢帯に応じて，幼児期の症状が最も重かった時期（ピーク評定）および現在の行動について3段階で評定する。いずれの年齢帯の得点もスクリーニングに使用できるが，最もスクリーニ

ングの精度が高いのはピーク評定である。PARS-TRは23項目から構成される短縮版がある。

SRS-2は、ASDに特徴的な双方向的な対人コミュニケーション行動およびこだわり行動を評定する質問紙である。年齢帯や評定者（親・教師・本人）に応じて4種類の質問紙のいずれかを選択する：他者評定式のSRS3歳児用（2歳6か月～4歳6か月），SRS学齢期用（4～18歳），SRS成人用（19歳以上），自己記入式のSRS成人用（19歳以上）。いずれも全65項目から成り、5つの治療下位尺度（対人的気づき，対人的認知，対人的コミュニケーション，対人的動機づけ，自閉的常同性）に分類され、4件法で回答する。得点が高いほど，ASD症状が重度であることを示す。一般母集団を対象として男女別および評定者別（親・教師・本人）に標準化され、T得点（平均が50，標準偏差が10になるように変換された得点）が求められる。カットオフ値は2段階あり、T得点60～75点はASDの中度リスク群，T得点76以上はASDの高リスク群であることが示唆される。

CSBS-DP-ITCは，ASDだけに限らず，コミュニケーションの発達の遅れがある乳幼児全般をスクリーニングするために開発された親評定式質問紙である。6～24か月の乳幼児を対象として，対人コミュニケーション行動の発達マイルストーンに関連する24項目から構成され，親が3－5件法で回答する。得点が高いほど，発達的マイルストーンを獲得していることを示す。一般母集団を対象として標準化され、月齢別にT得点，パーセンタイル値（計測した集団の分布を小さい方から並べてパーセントで見た数字のことで，10パーセンタイル値は100人中低い方から10人以内ということを表す）が示されている。カットオフ値は各月齢の10パーセンタイル値となっている。日本語版はまだなく，現在米国でCSBS-DP-ITCを用いて12か月でスクリーニングする試みが始められている。

（2）ADHDの早期スクリーニングツール

ADHDの早期スクリーニングツールには，ADHD Rating Scale-IV（日本語版はADHD-RS）とConners3がある。

ADHD-RSは，5～18歳を対象として，「家庭版」と「学校版」の2つのバー

ジョンがあり，親および教師が回答する質問紙である。DSM-IVに基づく不注意および多動性－衝動性に関する全18項目から構成され，4件法で回答する。得点が高いほど，ADHD症状が強いことを示す。ADHD-RSは，一般母集団を対象に年齢別，性別，回答者別（親あるいは担任教師）に標準化され，ADHD診断を予測するカットオフ値は，パーセンタイル値によって段階的に示されている（80，85，90，93，98パーセンタイル値）。学校場面におけるローリスク群や臨床現場におけるハイリスク群などの使用場面だけでなく，その使用目的などによって，推奨されるカットオフ値が異なっている。日本語版のカットオフ値は，現在公表準備中である。

　Conners3は，6〜18歳までを対象として，「保護者用」「教師用」「本人用（8歳以上）」の3つのバージョンの質問紙がある。「保護者用」110項目，「教師用」115項目，「本人用」99項目から構成され，4件法で回答する。得点が高いほど，ADHD症状が強いことを示す。Conners3は，一般母集団を対象として標準化され，各バージョンについて年齢別および性別に，T得点とパーセンタイル値が示されている。ADHDのリスクは，T得点およびパーセンタイル値によって段階的に示されている。Conners3の日本語版に関しては，予備調査の結果が公表されており，対象を拡張して日本語版の標準化作業中である。

（3）LDの早期スクリーニングツール

　LDは，全般的知能が正常であることが条件であるため，LDのスクリーニングの前段階として，WISC-IVやKABC-IIなどの知能検査を実施する必要がある。LDのスクリーニングツールとしては，Learning Disabilities Inventory-Revised（LDI-R：上野ら，2008）がある。小学校1年生〜中学校3年生を対象とし，対象の学習状況を熟知した教師などが評定する質問紙である。基礎的学力（聞く，話す，読む，書く，計算する，推論する，中学生はこれらに加え，英語，数学）と行動，社会性をあわせた小学生計8領域，中学生計10領域で構成される。各領域12項目（数学のみ8項目）の質問項目があり，その特徴が「ない」から「よくある」までの4件法で回答する。得点が高いほど学習面のつまずきがあることを示し，一般母集団を対象に標準化され，領域別にパーセンタイル値が示されている。カットオフ値は2段階あり，50〜74パーセンタイル

値はLDの中度リスク群，75パーセンタイル以上はLDの高リスク群であることが示唆される。各領域のパーセンタイル値の段階に基づき，A型からG型までプロフィール判定を行い，LDの可能性を判断する。

その他，LDの個別の側面についてのアセスメントツールとして，読み書き能力を評価するSTRAW（小学生の読み書きスクリーニング検査：宇野ら，2006）とSTRAW-R（標準読み書きスクリーニング検査：宇野ら，2015），流暢性を評価する特異的発達障害 - 臨床・評価のための実践ガイドライン（特異的発達障害の臨床診断と治療指針作成に関する研究チーム，2010），受容性語彙を評価するSCTAW（標準抽象語理解力検査：春原ら，2002），PVT-R（絵画語い理解力検査：上野ら，2008）などがある。LDには多くの側面があり，現時点では標準化されたアセスメントツールは十分な状態とはいえない。したがって，開発されてきている日本語用のツールなどを利用しつつ，実際の学力検査なども含めて多角的にアセスメントすることが肝要である。

（4）DCDの早期スクリーニングツール

DCDQ-R（Developmental Coordination Disorder Questionnaire 2007, Wilson et al., 2009）は，5～14.6歳（日本語版では15歳）を対象とした親評定式質問紙である。15項目から構成され，「動作における身体統制」「書字・微細運動」「全般的協応性」の3つの下位尺度に分かれ，5件法で親が回答する。得点が高いほど，協調運動機能が高いことを示す。原版は，一般母集団を対象に年齢別に標準化されている。カットオフ値は2段階設定され，5パーセンタイル値以下はDCDの高リスク群，6～15パーセンタイル値はDCDの中度リスク群であることが示唆される。DCDQ-Rの日本語版は，学年別だけでなく，男女別の要素も加え標準化作業中である。

Little DCDQ（Little Developmental Coordination Disorder Questionnaire）は，より年少の3～4歳の子どもを対象として開発された。その日本語版は，保育所・幼稚園での利用を考慮し，年少～年長児（3～6歳）を対象に開発中である。

4 スクリーニングツールの効能と限界

（1） 専門家や家族の間の共通のものさしとなる

　エビデンスに基づいてカットオフ値が設定されたスクリーニングツールは，専門家同士の共通の客観的なものさしとなる。それを使用することによって，子どもとその家族に関わる専門家個人の経験に左右されず，一定の基準で子どもの臨床的支援ニーズを把握できる。専門家同士の見解のズレによって家族が混乱してしまうことは少なくなく，時に専門家不信や，相談や受診が遅れるといった事態を招きかねない。共通のものさしを使うことで，対象者に関係する専門家同士の間で，あるいは専門家と親の間で対象者の状態像についての共通理解を確認し，一貫した支援ができれば，なによりも子どもにとって安心できる環境を提供することにつながる。

（2） 障害と正常の境界は単純明瞭ではない

　これまで発達障害は，その障害があるかないかに二分される，つまりカテゴリカルに分類されるものであると考えられてきた。しかしながら現在では，正常から障害となるレベルまで，症状はスペクトラム（連続的）状になっている，つまりディメンジョナル（多次元的）なものであると捉えられている。このように，発達障害をめぐる概念自体が大きく変遷してきた。先に紹介してきたスクリーニングツールの特徴を概観すると，一般母集団を対象にして学年別および男女別に標準化が行われ，そこから得られたT得点やパーセンタイル値に基づいて，障害のリスクを示すカットオフ値が複数段階設定されているものが多いことに気づく。T得点やパーセンタイル値は，一般の集団全体の中でどこに位置するのかを示すものであり，ツール自体がディメンジョナルな評価を前提として作成されている（図4-1）。カットオフ値が複数段階設定されていることからも，障害のリスクをあるかないかで二分するのではなく，リスクの程度を把握することが目的になってきていることが分かる。カットオフ値はリスク判断の目安にできるが，それを下回ったからといって，近似した値にいるケースのリスクはゼロにはならないことに留意が必要である。正常と障害の境界は単

純明瞭ではなく，そのようなケースは連続した支援ニーズを抱えている可能性があることを視野に入れた対応が求められる。

（3）現在の障害概念に合致しないニーズは見逃される可能性がある

　発達障害のアセスメントのためのツールは，国際的診断基準であるDSMやICDに準拠して開発されていることが多い。一方で，発達障害の概念は新たな知見の蓄積により変遷してきており，それに伴いDSMやICDは定期的に改訂されている。2013年に改訂されたDSM-5において，ASDの診断基準は比較的大きな改訂が行われ，感覚面の問題が，新たに診断基準に加えられた。従来のASDのアセスメントツールには感覚面の問題に関する項目は多くはなく，これまで感覚面のニーズは見逃されやすかった可能性がある。このように，既存のツールはそれまでに確立した障害概念を反映したものであり，それに合致しないニーズは見逃される可能性があるのである。同様のことがASDの女性ケースに対しても言える。ASDの障害概念はこれまで主に男性ケースの臨床像に基づき作り上げられてきており，典型的な症状を呈さないASDの女性ケース

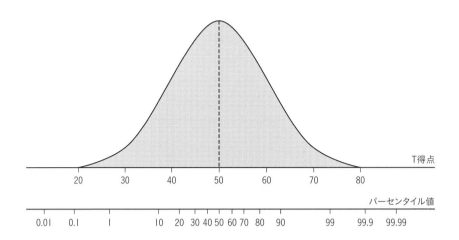

注：T得点とは，Z得点（平均が50，標準偏差（SD）が10となるように変換した得点）が正規分布にしたがうように変換した得点。パーセンタイル値とは，正規標準分布の面積をもとに，得点の低いところから順位をつけたもの。

図4-1　T得点とパーセンタイル値

は幼児期には見逃され，診断されにくい（Beeger et al., 2013）。現在，ASD症状の男女差を明らかにする研究は端緒についたばかりである。今後の研究によって女性ケース特有の臨床像が明らかになれば，それに応じたスクリーニングが可能となるであろう。

5 まとめ

本稿では，発達障害の早期スクリーニングに関する臨床的意義と，それぞれの発達障害のスクリーニング可能な下限年齢を述べ，スクリーニングツールを紹介し，その効能と限界について述べた。スクリーニングツールは"道具"であり，"道具"に振り回されすぎないよう，その使用の目的，対象，方法，限界を適切に理解した上で使うことが肝要である。また，結果を伝える際には，子どもとその家族の気づきの程度やニーズを的確に把握した上で，彼らの毎日の生活に役に立ち，かつ応援するような内容と共に伝える必要がある。

【引用・参考文献】

American Psychiatric Association. (2013). Diagnostic and Statistical Manual of Mental Disorders: DSM-5, American Psychiatric Publishing.（日本精神神経学会監修（2014）DSM-5 精神疾患の診断・統計マニュアル，医学書院）.

Begeer S, et al.(2013). Sex differences in the timing of identification among children and adults with autism spectrum disorders. Journal of Autism and Developmental Disorders, 43, 1151-1156.

Conners,C.K.(2008) : Conners 3rd edition manual. Toronto, Ontario, Canada : Multi-Health Systems.（田中康雄監訳，坂本　律訳（2011）Conners3 日本語版マニュアル，金子書房）

Constantino, J.L. (2012). Social Responsiveness Scale-Second Edition (SRS-2). Los Angeles, CA:Western Psychological Services.

DuPaul GJ, Power TJ, Anastopoulos AD, Reid R, (1998): ADHD Rating Scale—Ⅳ: Checklist, Norms,and Clinical Interpretation, The Guilford Press, New York.（市川宏伸，田中康雄監修,坂本　律訳(2008) 診断・対応のための ADHD 評価スケール　ADHD—RS【DSM準拠】—チェックリスト，標準値とその臨床的解釈．明石書店）

春原則子，金子真人著，宇野　彰監修 (2002) 標準抽象語理解力検査（SCTAW）．インテルナ出版

Johnson C, Myers S. and the Council on Children With Disabilities of the American Academy of Pediatrics: Identification and evaluation of children with autism spectrum disorders. Pediatrics. 2007; 120: 1183-1215.

Inada, N.et al. (2011). Reliability and validity of the Japanese version of the Modified Checklist for autism in toddlers (M-CHAT), Research in Autism Spectrum Disorders, 5, 330–336.

Kamio, Y. et al. (2013). Quantitative autistic traits ascertained in a national survey of 22,529 Japanese schoolchildren. Acta Psychiatrica Scandinavica, 128(1):45-53.

Kamio, Y. et al. (2014). Utility of teacher-report assessments of autistic severity in Japanese school children. Autism Research and Treatment ,2013:373240. doi: 10.1155/2013/373240.

Kleinman JM, et al. (2008). The Modified Checklist for Autism in Toddlers: A follow-up study investigating the early detection of autism spectrum disorders. Journal of Autism and Developmental Disorders,38, 827-39.

Lahey BB, et al (2004). Three-year predictive validity of DSM-IV attention deficit hyperactivity disorder in children diagnosed at 4-6 years of age. The American Journal of Psychiatry, 161, 2014-20.

Landa R. Autism spectrum disorders in the first 3 years of life. In: Shapiro BK, Accaodo PJ. Editors. Autism Frontiers: Clinical Issues and Innovations. Baltimore: Paul H. Brookes Publishing Co, 2008. p.97-128.

Lord, C. Follow-up of two-year-olds referred for possible autism. Journal of the American Academy of Child and Adolescent Psychiatry. 1995: 36: 1365–1382.

Maughan B, Rutter M. Developmental and Psychopathology: A life course perspective. In: Rutter M, Bishop D, Pine D, et al, editors. Rutter's Child and Adolescent Psychiatry. 5th ed. Hoboken: Wiley-Blackwell; 2008. p.160-81.

PARS委員会. 2013. 広汎性発達障害自閉症スペクトラム障害評定尺度テキスト改訂版（Pervasive Developmental Disorders Autism Spectrum Disorders Rating Scale-Text Revision；PARS-TR. スペクトラム出版社）

Rutter, M. et al. 2003. The Social Communication Questionnaire. Los Angeles, CA: Western psychological services.（黒田美保，稲田尚子，内山登紀夫監訳（2013）SCQ日本語版マニュアル．金子書房）

特異的発達障害の臨床診断と治療指針作成に関する研究チーム（編集代表・稲垣真澄）（2010）特異的発達障害診断・治療のための実践ガイドラインーわかりやすい診断手順と支援の実際ー，診断と治療者

上野一彦ら（2008）PVT-R 絵画語い発達検査，日本文化科学社

上野一彦ら（2005）LDI-R － LD 判断のための調査票ー，日本文化科学社

Wetherby AM, Prizant BM: Communication and Symbolic Behavior Scales Developmental Profile (CSBS DP). Baltimore: Paul H. Brookes Publishing Co; 2003.

Wilson et al. (2009). Psychometric properties of the revised Developmental Coorination Disorder Questionnaire. Physical and Occupational Therapy in Pediatrics, 29, 182-202.

第5章

早期療育の文献的エビデンス

今井美保

1 はじめに

　発達障害の子どもに対する介入の目標は，個々の機能的自立度を最大化すること，発達と学習を通じてQOLを最大化すること，ソーシャルスキルやコミュニケーションを改善すること，できないことや合併症を減少させること，自立を促進すること，家族へのサポートを提供すること，そして強み（strength）の潜在能力を発揮するのを支援することである。

　発達障害は生物学的な基盤があるとされるが，最も効果的なのは教育的介入であり，発達障害の子どもへの療育は，かつては学校教育の中で行われるものとされてきた。1980年代頃から，自閉症の早期徴候への関心の高まりと早期スクリーニング技術の進歩により早期発見が可能になったことと並行して，就学前から治療教育的介入を行うことの意義が認識され，早期介入プログラムが世界各地で実践され報告されるようになった。

　しかしながら，いずれも経験的な実践報告にとどまり，科学的手法により介入効果を調べる比較研究が少なかった。それは，厳密に統制された群を設定するなど比較研究のデザインが組みにくいという方法論的な理由と，もうひとつは効果判定の指標を巡って一致した見解が得られていないためである。例えば，セラピストとの関係や親との相性といった複雑な変数は厳密に統制しにくく，意図しない変数が結果に大きな影響を及ぼすことがあり得る。また介入による変化と自然な成長による変化とを区別し難いため，介入と効果の因果関係を解釈することが難しい。

　しかし近年，生後2年目から始める超早期介入プログラムが話題になり，科学的方法論による比較研究により，エビデンスが蓄積され始めている。

本稿前半は，これまでの自閉症の早期介入プログラムを概観する。そして後半は，近年の超早期介入プログラムについての動向を紹介する。

2 これまでの早期介入プログラムの概要

包括的な早期介入プログラムを理解する際には，その理念や哲学・理論的背景・介入目標・介入技法／方略，の次元で整理して理解するのがよい。ただ，プログラムによってどの次元を強調しているかによって名称や定義が異なる。名称は異なっていても，強調している力点が違うだけで，実際の介入の内容は似通っていることもあるため比較検討が難しい。

Prizant&Wetheby（1998）は，様々な教育的アプローチについて，「行動的介入アプローチ」と「関係発達的介入アプローチ」に大別し，伝統的な行動的介入アプローチ（Discrete-Trial Traditional Behavioral Approach）と関係発達的介入アプローチ（Social-Pragmatic Developmental Approach）を，具体的な17の視点で比較し整理している（表5-1・次頁）。①教示の柔軟性，②主導権が大人か子どもか，③子どもの自発性を強調するか，④子どもの行動への反応，⑤学習環境の自然さ，⑥子どもの発達段階を考慮するか，⑦社会的文脈，⑧汎化，⑨直接指導の集中度・範囲・頻度，⑩子どもの強みの利用，⑪強化子の種類，⑫問題行動への対処法，⑬データ収集のタイプと集中度，⑭学習における個人差の扱い，⑮健常児ピアの役割，⑯感情と情動表出の役割，⑰親の関与，である。他の多くの介入プログラムも，この視点で，これらを両端とした連続線（continuum）上に大まかにマッピングすることが可能であろう。

（1）行動的介入アプローチ

人間の行動は，個人とその環境の相互作用を通じて学習されるという学習理論に基づいた介入である。つまり先行事象と結果事象により学習するため,注意深く環境を調整し，結果を提示することで望ましい行動やスキルを増やし，問題行動を無くすことを目的とする。適切な強化子を見つけるための機能的アセスメントが重要で，標的行動の獲得あるいは消去を系統的に計測可能な方法で行う応用行動分析（ABA）が用いられる。

表5-1 Prizantら(1998)による様々な教育的アプローチの比較

	行動的介入	複合的介入	関係発達的介入
	Discrete Trial Training	機軸行動発達支援法(PRT) デンバーモデル TEACCH DIR／Floor time 対人関係発達指導法(RDI)	Social-pragmatic, developmental approach
①教示の柔軟性	内容や手続きはあらかじめ決まっていて変更は最小限		柔軟性あり
②主導権が大人か子どもか	初めは大人が主導, 次第に大人のコントロールを減らす		内容は発達レベルに合わせ, できる限り子どものリードと関心に従う
③子どもの自発性を強調するか	まずは応じること, 自発性は後で		子どもの自発性を優先する
④子どもの行動への反応	プログラムの決められた手続きに従う		手続きは状況によって柔軟性を持つ
⑤学習環境の自然さ	文脈を区切ったDTTで自然さを欠く		学習は自然な文脈で, しかし巧みに計画されている
⑥子どもの発達段階を考慮するか	発達段階をあまり考慮せず		ゴール設定や教示手法の設定に発達を考慮する
⑦社会的文脈	初期は1対1, 次第に複雑な集団指導へ		子どもの能力に応じて社会的複雑さはいろいろ
⑧汎化	初期の訓練で一定の域に達した後に汎化プログラムへ		初めから環境や人との関わりでスキルを教える
⑨直接指導の集中度・範囲・頻度	集中度は決定されている。1対1の直接指導		子どもとスタッフの比率によって様々
⑩子どもの強みの利用	子どもの好みに合わせて強化子を選択		子どもの好みや強み関心に従って活動する
⑪強化子の種類	初めは人工的な強化子, 次第に社会的な強化子へ		自然な強化子を重視し, 社会的強化子など
⑫問題行動への対処法	継続させる要因を特定し, 無視や罰で対応 機能分析により適切な行動で置き換える		発達的視点と子どもの意図から行動を理解する 意図を見極め, 適切な行動に置き換える
⑬データ収集のタイプと集中度	標的行動の増減に関するデータ収集し記録する		機能レベルの変化を非公式な印象レベルでも記載する
⑭学習における個人差の扱い	強化子を選択する際に個人差を考慮する		学習スタイルの違いに合わせてプログラムを修正する
⑮健常児ピアの役割	初期は, ピアとの遊びは最小限に		ピアとの関わりを含め, 自然で半構造化した遊びを強調する
⑯感情と情動表出の役割	正の強化子としてプラスの感情を表出する		社会参加や学習を組織化し動機付けする中心に位置づける
⑰親の関与	親は行動修正の原則を教わり, 実行するよう励まされる		親は子どもの発達特性を理解し, 自然なルーチンの使用を教わる

※Prizantら(1998)より, 一部改変

最も古典的な方法は，不連続試行訓練（Discrete Trial Training；DTT）である。特定のスキルや行動を小さなステップに分割してひとつひとつ教えていく。高度に構造化され，刺激の選択や標的行動の基準，強化の方法はあらかじめ明確に決められており，正しい行動は強化され不適切な行動は無視される。文脈的サポートは最小限とされ，大人の指示や教示に子どもが反応することに力点が置かれた。

　代表的な実践研究報告は，Lovaas（1987）らによる早期集中行動介入（Early Intensive Behavioural Intervention）である。4歳未満の自閉症38名を2群に分け，週40時間のDTTを2〜3年受けた群は，6〜7歳時点で19人中9人（47％）が標準範囲のIQに達し，就学後の1年間，通常学級に在籍し，それをもって自閉症が「回復（recovery）」したと報告した。無作為割り付けの方法，転帰尺度の妥当性などを巡って論争を巻き起こした。

　その後は，コミュニケーションが生じる社会的文脈や子どものモチベーションを重視した，自然主義的なアプローチ（naturalistic teaching）や，子どもとの相互作用を意識したものに変わってきている。例えば，Koegelらによる機軸行動発達支援法（Pivotal Response Training）は，ABAの基本的な考え方をベースとしながらも，自然な環境で生じる多くの学習機会や社会的な相互関係に反応することを指導することによって，社会的な役割や出来事の理解を促進するのを手助けするものである。主導権は子どもであり，社会的動機付けを重視し，大人が一方的に決めることなく子どもに選択権を与える。

　PRTについては，その考え方は多くのプログラムに広く導入され低年齢においても実践されているが，厳密な科学的手法でのエビデンスは乏しい。

（2）関係発達的介入アプローチ

　行動的介入とは対照的に，関係性の発達や社会性・情緒の成長の文脈の中でコミュニケーションスキルを発展させることを強調し，より柔軟な構造，より自然な文脈の中で，自発性・興味・動機付けを重視する。Greenspan（1998）による発達・個人差・関係性モデルDIR（Developmental Individual-Difference,Relationship-Based Model）や，Gutstein（2000）による対人関係発達指導法RDI（Relationship Development Intervention）などが，

ここに含まれる。

　Greenspan（1998）らの開発したDIRは，もともと健常児向けに作られたモデルを，ASDなどの発達障害を持つ子どもの療育プログラムに適用したものである。発達障害であっても健常児と同じ順序で発達することを前提としている。発達レベルを評価して，発達に応じて関わり（Developmental），感覚・情報処理・運動企画・遂行能力などの個人差に応じて（Individual-Difference），感情を伴った意味のある人間関係から学ぶ（Relationship）と考え，自然な関わりを通して子どもが発達していくよう手助けするアプローチである。具体的には，1回20分程度，床（Floor）で子どものリードに従いながら双方向性のコミュニケーションを続けることを基本としている。

　Gutstein（2000）による対人関係発達指導法RDIは，自閉症の人の社会的関わりに対する動機付けと関心を高めること，社会的関係を楽しみ，その能力を高めることを助けるための活動とコーチングを提供することを目的としている。とりわけ高い認知機能を有する子ども達に効果があると報告されている。

　これら関係発達的介入アプローチは，科学的に効果を証明することが難しくエビデンスは未だ確認されていない。

(3) 複合的介入アプローチ

　単一の介入モデルだけでなく様々な考え方を複合的に盛り込んだ複合的で包括的なアプローチの代表例は，TEACCH（Treatment and Education for Autistic and related Communication-handicapped CHildren）である。1972年にノースカロライナ大学で創設され，現在は州をあげて展開されている。自閉症児・者に視覚情報・構造・予測可能性を提供することによって，生涯にわたってASDの個人を含めた家族のQOLを高め支援することを目指している。そのために，自閉症を治すのではなく，自閉症の特性を持ちながらも強みを生かして，将来的に自立することがゴールである。プログラムや技法といった特定の方法論を指すのではなく包括的なコミュニティ・システムを意味する。TEACCHの考え方を，より低年齢の幼児に適用できるようプログラムが開発されている。

（4）その他，標的化したスキルに対するアプローチ

　包括的な介入プログラム以外にも，ある特定のスキルや問題行動に標的化したアプローチもある。例えば，未発語の子どもにシンボルや絵や写真を用いて自発的なコミュニケーションを教える絵カード交換式コミュニケーションシステム（PECS），社会的スキルの習得にターゲットを当てたソーシャルスキルトレーニング（SST），社会的状況や暗黙の了解を文字やイラストなどを用いて支援する「ソーシャルストーリー」，触覚・前庭覚・固有覚といった感覚入力に注目した感覚統合療法（SI），不安や怒り・攻撃性の軽減をねらった認知行動療法（CBT）などである。これら標的化したスキルに対するアプローチは，基本的に包括的な介入アプローチと組み合わせて用いられるものであり，ここでは詳細は割愛する。

（5）保護者を媒介にした介入アプローチ

　保護者を療育的介入に巻き込むことは，生活のあらゆる場面で療育的介入が可能になるため，療育効果を最大化できると考えられる。そのため多くの介入プログラムには，保護者への心理教育やホームワークなどがプログラム化され盛り込まれている。なかには，保護者支援プログラムに重点化したHanen More Than Words（カナダ）やEarlyBirdプログラム（イギリス）なども報告されているが，ここでは割愛する。

3　超早期介入のエビデンス

　2000年以降，2歳未満から介入を始める超早期介入の報告が少しずつ見られ始めている。暫定診断あるいはASDリスクの段階から介入しようとする背景には，生物学的プロセスと環境プロセスの相互作用を重視し，神経の可塑性と乳幼児期の発達臨界期の存在が想定されている。注意・コミュニケーション・報酬系を含む社会的メカニズムの非定型な発達は，介入しないと持続し，結果として次に続く社会的コミュニケーション能力の発達に影響を与え，その後の様々な社会的学習を妨げてしまう可能性がある。神経可塑性が高く，感受性の

高い可能な限り早期の段階で，適切で豊富な経験という強化子を与え，初期の経験を最適化し効果的に修正できれば，その後の学習を増幅し，長期的に発達にプラスの影響を与え得る可能性がある。さらに，早期の効果的な介入により，ひょっとすると脳の組織化を変え，発達の軌跡を改善することができるかもしれないという仮説に基づいている。

Bradshawら（2015）は，ASDリスク児を対象とした超早期介入を系統的にレビューした。2014年6月までに報告された論文のうち，24ヶ月未満のASDリスク児を対象とした9つの介入研究を取り上げて，介入アプローチの内容と，研究デザイン，結果を比較している（表5-2，表5-3・45～47ページ）。

いずれの介入研究も，基本的な要素として行動的介入アプローチをベースにしている。つまり学習の機会を与えること（antecedant），子どもの反応を待つこと（behaviour），適切なご褒美を与えること（consequence）である。そして乳幼児の日常のルチーンや自然な文脈を重視し，子どもが好む活動や興味を取り入れていた。幼少期であるほど，家族とりわけ親との関わりは重要である。家族を中心に据え，親に関わりの方法を教えることによって，専門家の介入頻度は少なくても，毎日の生活の中に適切な介入が組み込まれることが期待されている。介入のゴールは対象の子どもの年齢によって個々に異なるものの，介入のターゲットは社会的コミュニケーションの領域に共通していた。

このなかで，対象児数の最も多く，RCT（ランダム化比較試験）の手法を用いるなど，方法論的にもエビデンスレベルが高いと思われる，早期介入デンバーモデル（Early Start Denver Model; ESDM）を取り上げて紹介する。

4 ESDM：早期介入デンバーモデル

Rogersらが開発し発展させたデンバーモデルを，RogersとDawsonが低年齢まで広げたものである。12～48ヶ月までの自閉症の子どもへの包括的介入アプローチであって関係発達的アプローチと行動的アプローチ（ABA実践）を統合したプログラムである。中核的な特徴は，①自然な文脈でABAの戦略を使う，②正常な発達の順序性を意識する，③親が深く関与する，④個人的交流とそれによるプラスの感情に焦点化，⑤共同の活動を通して交わりを共有す

早期療育の文献的エビデンス 第5章

表5-2 ASDリスク児を対象とした超早期介入の系統的レビュー（1）

プログラム名（通称）	理論的基盤	期間	集中度	介入のゴール	方略
Hanen's More Than Words Program	社会的相互交渉理論／親を介して／家族を中心に／ルーチンに基づく	3.5ヶ月以上	集団8回／個別3回	毎日のルーチンを用いて子どものコミュニケーションを増やす	ビデオフィードバック／子どもからのコミュニケーションに反応する／子どものリードに従う／joint action routines／コミュニケーションを引き出したり答えたりするのに本を使う／ピア遊びを足場にする／視覚的サポート
社会的実用的共同注意に焦点を当てた親トレーニング	発達的行動的理論／親を介して	12ヶ月以上	3時間のセッションを6週間隔	コミュニケーションスキルの拡大	行動マネジメント／joint action routines／ジョイントアテンション行動を教える（ミラーゲーム・指差し・指差しの方向を見る・視線切り替えゲーム）／共同で楽しむ／プロソディを強調する／繰り返し言い換える
早期介入デンバーモデル（ESDM）	発達的行動的理論／関係性に基づき／セラピストと親が実施	2年以上	週20時間	発達的転帰の改善	個人的なやりとりとプラスの感情／関わりの共有／子どものきっかけに感度よく大人が反応する／言語および非言語コミュニケーションに焦点を当てる／行動の原則（オペラント条件付け・シェイピングとチェイニング）／個別化された計画
親による早期介入デンバーモデル（P-ESDM）	発達的行動的理論／関係性に基づき／親を介して	12週間	週1時間	社会性・コミュニケーション・発達的転帰の改善	子どもの注意とモチベーションを高める／感覚的社会的ルーチンを用いる／joint activity routines／ABC理論／プロンプト・シェイピング・フェイディング・機能的行動評価の使用
機軸行動発達指導法（PRT）	行動的発達的理論／社会的動機付け仮説	4-11週間	週1時間	社会的相互交渉に参加することへのモチベーションを高める	乳幼児が好む活動を用いる／課題のバリエーション／好きな活動とそうでもない活動を混ぜ込む／強化
機軸行動発達指導法（PRT）	行動的発達的理論／社会的動機付け仮説	3ヶ月以上	1時間のセッションを10回	機能的コミュニケーションと社会的モチベーションを増す	子どものリードに従う／はっきりしたプロンプトを与える／維持課題と獲得課題を織り交ぜる／すぐに偶発的かつ自然な強化子を使う
BASIS介入（i-BASIS）	発達的愛着理論／親子のシンクロニー（同期）	5ヶ月以上	12セッション	親子の相互的な関わりの質を改善する、親子のシンクロニーを増す	ビデオエイドを活用／親の感度を高め、偶発的に反応する／感情のマッチング／相互的な発声
ジョイントアテンションを介した学習（JAML）	発達的理論／学習を介して／家族を中心に／親を介して	9-26週間	週1-2セッション	ジョイントアテンションを促進する	面と向かって関わるゲームをする／turn-taking活動／ジョイントアテンションに反応する／ジョイントアテンション活動を始める
早期社会的介入プロジェクト（ESI）	発達的理論／親を介した／家族を中心に／ルーチンに基づく	12ヶ月以上	週2回の個別セッションと9回の遊びグループセッション	家族のルーチンの文脈で、社会的コミュニケーションを改善する	ゴールを個別化する／環境を整える／待つ／自然な強化子／バランスのとれた役割交代／モデリング／偶発的な模倣／要求の模倣／時間差

※Bradshawら（2015）より

表5-3 ASDリスク児を対象とした超早期介入の系統的レビュー（2）

プログラム	研究者(年)	参加者 ケース・対照	参加者 月齢	参加者 リスク／ASD診断	実験デザイン
Hanen's More Than Words Program	Carter (2011)	32・30	15〜24	臨床診断	RCT
社会的実用的共同注意に焦点を当てた親トレーニング	Drew (2002)	12・12	<24	臨床診断	RCT
早期介入デンバーモデル(ESDM)	Dawson (2010)	24・24	18〜30	臨床診断	RCT
親による早期介入デンバーモデル(P-ESDM)	Rogers (2012)	49・49	12〜24	ASD症状／熟達した臨床家がASDと判断した	RCT
機軸行動発達指導法(PRT)	Koegel (2013)	3	4〜9	ASD症状／熟達した臨床家がASDを心配した	multiple baseline design
機軸行動発達指導法(PRT)	Steiner (2013)	3	12	ASDの同胞	multiple baseline design
BASIS介入(i-BASIS)	Green (2013)	7・70	8〜10	ASDの同胞	ハイリスク群とローリスク対照群のcase series
ジョイントアテンションを介した学習(JAML)	Schertz (2007)	3	20〜28	ASD症状／ASDスクリーニング陽性	multiple baseline design
早期社会的介入プロジェクト(ESI)	Wetherby (2006)	17・18	25〜36	暫定的な臨床診断(ASD)	quasiexperimental design with a post-treatment contrast group

※Bradshawら(2015)より

転帰(outcome)	
子ども	親
子どもの転帰指標に明らかな治療効果は観察されず。社会的コミュニケーションの中等度の改善が両群で見られた。介入前にはモノへの関心をあまり示していなかった対象群の子どもが、IJA・IBR・意図的コミュニケーション・親申告による非言語コミュニケーションの大きな獲得が見られた	Medium-to-largeではあったが統計学的に有意ではない改善があった。
親トレ群の多くの子ども達はTAU群よりも、ほぼ未発語から、単語〜二語文に移行した。親トレ群はTAU群より若干言語理解力が高かった。非言語IQ・単語・ジェスチャー・重症度に群間差はなかった。	親のストレスに群間差は無かった。
非言語認知スキルの改善は、介入1年後にベースライン評価やTAU群と比較しても有意に大きかった。介入2年後にESDM群は、親報告によるコミュニケーションや日常スキルや運動スキルばかりでなく受容表出言語にも有意な改善があった。自閉症の重症度には有意な差はなかったが、ESDM群の乳幼児は診断状態に改善が見られたようだった。	親の転帰の報告は無い
12週の介入により、両群(P-ESDMとTAU)で発達スキルの獲得とASDの中核症状の減少が有意に見られた。当初設定した転帰尺度で有意差はなかった。発達的および診断的改善は、介入した時間が多いこと、介入開始時期が早いことと関連した。TAU群の子ども達は介入時間の数が大きかった。著者と仮説に反して、social orientingと模倣はP-ESDMの効果としては現れなかった。研究開始の時点での、P-ESDMの親のFidelityが高いほど、ASD症状が軽度で発達スコアが高かった。	P-ESDM群とTAU群の両方の親は、12週間の中で、ESDM相互作用のスキルの使用について有意な改善を示した。ESDM治療手法の獲得に有意差は無かったけれども、P-ESDM群はTAU群より、介入後に大きなeffect sizeを示した。さらに、P-ESDM群の親はTAU群の親よりも、セラピストとのより強いwoorking allianceを報告した。
介入後、参加者全員の社会的関わりが急速に増加した。社会的関わりとは、親子の相互作用において視線回避が減っただけでなく幸福感や興味関心・呼名反応の増加であった。これらの変化は2〜6ヶ月間のフォローアップ中も維持された。	すべての親が、介入手法を正しく学んだ。すべての介入セッションにおいてFidelityを満たした。
介入開始から親とのコミュニケーション頻度は、全参加者で急速に増加した。獲得されたものは、治療後も維持された。36ヶ月後の発達検査によると、自閉症の症候は減少していた。	介入によりすべての親が、臨床家がいてもいなくても自立して正しい介入手法を証明していた。さらには、すべての親が、介入に対して高い満足度を報告していた。
予備的な結果では、治療群と比較群とでinfant livelinessに改善があったが、治療群の改善の方が大きかった。	参加率の高さと親の満足度調査によると、全体的な実行可能性とアクセスしやすさを示している。予備的な結果は、一人を除くすべての母親はsynchrony行動(非指示的で感度よい応答性)が少なく、介入後に改善した。
参加者全員が、親の顔を見る・役割交代・親の共同注意への反応・共同注意の始発において、ベースラインを超えた改善があった。	介入による子どもの進歩に対する親の満足度は、3分の2の親で高かった。すべての親が、子どもの介入サポートにたいしての自身の能力に自信を改善した。親の参加はすべての親で高く、3分の2の親はFidelityが高かった。
治療の1年後、介入群の子ども達は社会的コミュニケーションの尺度で有意な改善が見られた(プラスの感情の共有と、視線シフトの数を除く)。介入群では、3歳時の比較群と比べて、社会的シグナル・コミュニケーションの割合・コミュニケーション機能・理解において上級スキルも示した。	報告なし

る，⑥プラスの感情に基づいた関係性において言語やコミュニケーションを教える，である。

　実験研究では，訓練を受けたセラピストと親によって週20時間，2年以上のESDMを受けた群は，ESDM以外の地域の一般的介入を受けた群に比べて，認知・言語能力と適応行動に有意な改善が見られたという。また自閉症の重症度の改善を示した例も多かった（Dawson, 2010）。

　これは，低年齢の自閉症を対象とした介入研究で，科学的に厳密なRCTデザインによってエビデンスが確認された初めての研究であった。対象数が少ないことと，長期効果については今後の課題として残るが，有効性が確かめられたESDMは，日常臨床の実践の場における実行可能性が次の大きな課題である。

　介入の重要な要素はそのままにして形式に若干のアレンジを加えた実験研究がいくつか報告されている。Rogers（2012）は，より低年齢14〜24ヶ月のASDリスク児98人を対象に，同じく厳密なRCTデザインを用いて，親に対する12週間の低頻度介入（週1回の親指導）を行った。このP-ESDMを行い12週間後に比較した結果，子どもには有意な差はなかったが，親とセラピストとの治療関係が強くなったという（Rogers, 2012）。またオーストラリアでは，地域の集団保育施設で，1対3の割合でスタッフがついて週15〜25時間のESDMを12ヶ月受けた場合，ESDMを受けなかった群に比べて全体の発達と受容言語において伸びが大きかったという（Giacomo Vivanti, 2014）。

5　おわりに

　かつてDawson and Osterling（1997）は，介入の有効性を報告したいくつかの実践報告から，介入の背景にある理論的枠組みや哲学は異なっても，効果的なプログラムには共通する必須要素（common elements）があるとして，以下の6つをあげた。①自閉症に特化したカリキュラム，②構造化された環境で学習し，計画的に汎化させる，③予測可能性とルーチンの必要性，④問題行動への機能的アプローチ，⑤学校への移行支援を計画的に行う，⑥家族の関与の重要性，である。科学的なエビデンスとは異なるものの，今でも早期介入を行う際の基本的な指針として最大公約数的なものであり興味深い。

また，すべての自閉症の子どもとその家族に適合する万能で唯一のプログラムは存在しない。ひとりひとりの子どもが異なる強さと弱さ・ニーズを持ち，家族もそれぞれ違ったニーズと強みを持つことを意識しつつ，中核的特徴ばかりでなく個人差や家族環境を考慮して行うことが大切である。そして，「どのような子どもに，どのような介入が有効なのか？」「どのような特性にどのように効果があるのか？」を明らかにしていく必要がある。

【引用・参考文献】

Bradshaw,J., Steiner,A.M., Gengoux,G., Koegel,L.K. (2015). Feasibility and Effectiveness of Very Early Intervention for Infants At-Risk for Autism Spectrum Disorder: A Systematic Review. Journal of Autism Developmental Disorders. 45:778-794

Dawson,G., Osterling,J.(1997). Early intervention in autism. In M.J.Guralnick(Ed.), The effectiveness of early intervention(pp.307-326). Baltimore: Brookes.

Dawson,G., Rogers,S., Munson,J., Smith,M., Winter,J., Greenson,J.,et al.(2010). Randomised, controlled trial of an intervention for toddlers with autism: The Early Start Denver Model. Pediatrics, 125(1),e17-e23

Lai,M.C., Lombardo,M.V., Baron-Cohen,S.(2014). Autism. Lancet383(9920):896-910

Prizant,B.M., Wetherby,A.M.(1998). Understanding the continuum of discrete-trial tranditional behavioural to social-pragmatic developmental approaches in communication enhancement for young children with autism/PDD. Seminars in speech and language. 19(4):329-52; quiz353;424

Rogers,S.J., Estes,A., Lord,C., Vismara,L., Winter,J., Fitzpatrick,A., et al. (2012). Effects of a brief Early Start Denver Model(ESDM)-based parent intervention on toddlers at risk for autism spectrum disorders: A randomized controlled trial. Journal of the American Academy of Child and Adolescent Psychiatry, 51(19), 1052-1065.

Viacomo,G., Paynter,J., Duncan,E., Fothergill,H., Dissanayake,C., Rogers,S.J., the Victorian ASELCC Team. (2014). Effectiveness and Feasibility of the Early Start Denver Model Implemented in a Group-Based Community Childcare Setting. Journal of the Autism Developmental Disorders. 44:3140-3153

第6章

早期療育のエッセンス
——集団化の意義と臨床実践の要点

日戸由刈

　発達障害の人たちに対する早期療育では，地域の保育所・幼稚園（以下，園）などでインクルージョンを促進しつつ，並行して特性に配慮した専門的な療育を行うことが望ましいと考えられている（Jordan, 2005）。療育にはさまざまな考え方や技法があるが，筆者の勤務する横浜市総合リハビリテーションセンター（以下，YRC）でも，20年以上に渡る自閉症スペクトラムの幼児に対する早期療育の経験が重ねられ，その成果は書籍などで報告されている。とくに"早期から集団化すること"の重要性は，それらの報告で共通して強調されてきた（たとえば，清水，1999）。本章では，発達障害の幼児を集団化して行う小集団療育の意義と具体的な支援の要点について述べる。

1　療育の導入期の要点

　集団化による療育が十分な効果を発揮するためには，その「導入期」に次の手順をいかに入念に踏めるかが，要点となる（本田ら，2012a）。

（1）包括的なアセスメント

　集団形式であっても，個別のアセスメントに基づいたプログラム設計が必要である。子どもの診断や成育歴，発達段階や認知特性，家庭や園での適応状態などについて情報収集を行う。また，子どもが療育場面で学んだスキルや意欲を日常場面で発揮するためには，家族や生活環境の評価も必要である。親自身の認識やメンタルヘルス，家族関係，居住環境，社会資源など包括的な視点が求められる。

（2）療育への動機づけと主体的な選択

この時期の親の心理は，わが子に障害があると頭では理解していても，実際療育の場に通うことに，葛藤や抵抗を感じる場合が少なくない。そこで，最初から通年の療育を勧めるのではなく，期間限定の"お試し"プログラムを親子に体験してもらい，親の認識と感情の両面に働きかけ，療育利用に向けた主体的な選択を促す。

YRCでは，「オリエンテーション・プログラム」と呼ばれる，3か月間，週1回の"お試し"を，診療所で実施している。診療所スタッフは，小集団活動を通じて，子どもの興味の持ち方や状況理解の仕方，パーソナリティなど，集団ならではの，より詳細な評価を行う。短期間であっても，評価に基づく療育的支援によって子どもがプログラムに楽しく参加できるようになると，親の認識に肯定的な変化がみられることが多い。

（3）特性に配慮したクラス編成

クラス編成は，療育効果に最も影響する要素の一つである。集団プログラムを子どもにとって楽しく，意欲的に学べる内容に設計するためには，子どもの年齢や認知発達のみならず，認知特性や興味の持ち方に一定の共通性が必要とされる。

次節からは，こうした「導入期」を経た自閉症スペクトラムの幼児に対する小集団療育の実践例を，年齢と認知発達で場合分けし，紹介する。

2　3歳児に対する療育の実践例

自閉症スペクトラムの3歳代は，人を手がかりに行動することが苦手で，自分の興味やペースに強く固執しやすい時期である。療育では，こうした興味やペースを尊重しながら，子どもが人と一緒に社会的な活動に参加し，安心感や心地よさ，楽しさを経験し，社会参加に向けたスキル学習の土台をつくることが，重要な発達課題と考えられる。YRCの療育施設で行っている3歳児を対象

とした通年の「どんぐりクラス」を例に，療育技術の実際を紹介する。

（1）集団プログラム設計の3か条

本田ら（2012b）は，療育における集団運営の要点として「集団プログラム設計の3か条」を提唱している。どんぐりクラスでは，この3か条に沿って療育の内容を次のように設計している。

第1条・共通の興味を集団参加の動機づけにする

子どもが毎回の療育に楽しく，意欲的に通うために，子ども自身の参加動機となる興味の持ち方や状況理解の仕方，パーソナリティなどの事前評価を活用する。とりわけ子ども同士に共通する興味の持ち方は，集団プログラムの内容構成を決めるポイントとなる。3歳児のような低年齢，もしくは年齢が高くても知的障害が重度の場合は，感覚遊びや音楽遊び，「見るもの」を使った遊びが共通項になりやすい。どんぐりクラスでは，年間を通して1回（2時間）の活動を，①遊戯室での運動遊び，②個別ブースでの"お勉強"，③集団エリアでのはじめのあつまり，④おやつ，⑤おもちゃエリアでの自由遊び，⑥帰りのあつまり（「見るもの」遊び），としている。

第2条・認知特性に沿って理解を促進する

子どもが活動の内容を十分に理解して集団活動に参加できるよう，自閉症スペクトラム特有の認知特性に沿って工夫を行う。1つ目は，変化が苦手という特性に沿って，いつも同じやり方，同じルールでプログラムを行うように配慮する。2つ目は，視覚的な手がかりへの注目や機械的記憶力のよさという特性を活かして，活動の始まりと終わりの合図や手がかりを明確に決めておく。

たとえば，どんぐりクラスでは，子どもは登園すると「遊戯室カード」を手渡される。それを遊戯室入り口のボックスに入れると，トランポリンや三輪車を使った自由な運動遊びの時間の始まりである。終わりの合図は，療育者の「あと10でおしまいにしましょう。1, 2, 3……」という10までのカウントアップと，その場で行う紙皿シアターである。

つぎに，子どもが個別ブースに移動すると，"お勉強"の時間の始まりであ

る。個々の子どもが着席した机の左脇には，それぞれの興味や認知発達，手指操作に合わせた教材が，段付のトレーに用意されている。子どもはそれぞれ自分のペースで，上の段から順に教材を取り出し，終わったら片づける。教材を全部終えた子どもから集団エリアに移動し，全員がそろうまで絵本を見て過ごす。療育者のカウントアップの合図で本をかごに片づけると，あつまりが始まる。

あつまりでは，子ども全員にとって興味のあるパネルシアターやペープサートなどが呈示され，療育者の歌やリズムに合わせて，皆で楽しく注目する雰囲気が促される。しかし，中には興味の限局が強く，こうした遊びにまったく興味を示さない子どももいる。その場合，その子ども独自の興味を全体向けの題材に組み込むなど，全員が楽しんで注目できるための工夫を行う。たとえば，電車に強い興味を持つ子ども向けには，ペープサートの中に電車の写真を組み込むことで，皆と一緒に注目できていた。

第3条・環境を整理し，問題行動を誘発しない

自閉症スペクトラムの子どもが示すかんしゃくやパニック，場面逸脱など問題行動の多くは，環境に誘発されて生じる。たとえば，パニックを分析すると，ある活動中にその活動と関係のない好きなものが目に入ってしまい，注意がそれて離席したことを大人に制止され，混乱したから，ということが少なくない。集団行動に子どもが意欲的に参加できるためには，このような問題行動を誘発しやすい環境因子をできるだけ取り除く工夫が必要である。

まず，空間の工夫として，問題行動を誘発する可能性のある視覚刺激が子どもの視界に入らないように，療育室内の環境を整理する。電気や空調のスイッチ類はカバーで覆い，水まわりはついたてなどで隠す。個別ブースやおもちゃエリアは，子どもが自由に出入りできないように家具やついたてで囲い，おもちゃ棚には目隠しのカーテンを取り付ける。

そして，「不必要な声かけは，子どもを混乱させ，問題行動を誘発する因子になり得る」ということを，療育者と親が肝に銘じておく。"お勉強"など個々の子どもが視覚的なスケジュール・カードや決まった合図を手がかりに，自分で判断しながら行動する場面では，療育者は子どもの注意がそれたとき，混乱し

たときのみ，指さしや短い声かけ（「いす，すわるよ」など）などで，子どもに適切な行動を促す。あつまりなど一斉の集団活動場面で子どもが逸脱しそうになったときは，療育者は呼名や身体接触での制止は最小限にし，「次にすること」の視覚的手がかりや，その子どもの興味のグッズを見せるなどして，子どもが自分から場面に戻るように促す。

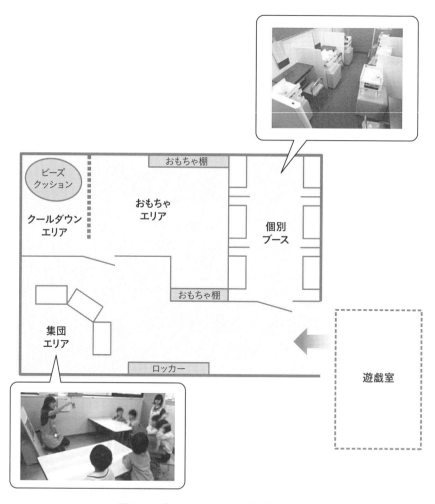

図6-1　どんぐりクラスの療育室の設定

(2) 療育と連動した「親子ワーク」

　どんぐりクラスは，週1回の療育である。自閉症スペクトラムの子どもに対して，社会参加に向けたスキル学習の土台をつくるというねらいを達成するには，十分な頻度とは言えない。さらに言えば，たとえ高頻度の療育を受けたとしても，学習したことの応用般化が苦手という認知特性を持つ子どもにとっては，それが必ずしも安定した地域生活につながるとは言えない。

　自閉症スペクトラムの子どもが地域の中で安心して心地よく過ごすためには，親に対しても，子どもの特性を理解し，特性に沿った対応方法を学び，生活をマネージメントする姿勢を促すことが併せて必要となる。どんぐりクラスでは療育場面を利用し，親が自然な文脈の中で，子どもへのよりよい対応方法を無理せず身につけるための工夫を行っている。

　まず，週1回の集団プログラムは，すべて親子参加型で行う。親は療育の参観のみならず，活動の切り替えや次の活動への移動の役割を担う。たとえば，登園したら「遊戯室カード」を子どもに渡す，遊戯室から個別ブースまで子どもと手つなぎで移動する，などである。

　そして，療育中の親の役割を，年間を通して段階的にレベルアップさせる。年度途中からは療育的な視点に立った対応技術の習得を親に促すための「親子ワーク」を導入する。親子ワークでは，あつまり開始までの時間に子どもの興味ある絵本を親が選んで一緒に過ごす，"お勉強"の時間に子どもが注意をそらさず教材に取り組めるように親が脇からサポートする，などの課題を用意する。課題の意図と具体的な手順は，療育中の自由遊びの時間を使って，療育者がレクチャーやロールプレイにより，親に解説する。毎回の実施後には，親同士の意見交換の時間を設ける。

　親子ワークでは，療育場面のみならず，地域の中――たとえば，病院の待合室や買い物先――で，親が進んで子どもの興味の持ち方や問題行動の誘発因子などを予測し，親子両方にとって見通しと安心の持てる生活をマネージメントすることへの動機づけもねらう。このため親同士の意見交換では，日常的な困りや失敗談を気軽に話題にできる雰囲気づくりを大切にする。

3 高機能の4〜5歳児に対する療育の実践例

　幼児期後半から学齢期にかけて，自閉症スペクトラムの子どもは，「心の理論」の不全など特有の認知特性を持つがゆえに，通常であれば自然に身につけるはずの社会的な価値観や態度を，家庭や園，そして通常の学校教育の中で形成することが困難となる。4〜5歳児の療育では，学齢期以降に生じ得る不適応の予防を念頭に置き，社会参加に向けたスキル学習を促すことが重要な発達課題と考えられる。

　本田ら（2013）は，成人期の社会参加に向けて最低限身につけるべきこととして，ソーシャルスキルと自律スキルとの両立を挙げている。YRCではこの2軸に沿って，高機能の4〜5歳児を対象とした「なかよしの教室」という通年の集団プログラムを実践している。なかよしの教室はYRC診療所発達精神科のモデルクラスとして始まった。この中で筆者らが開発した，「はじめてのソーシャルスキル」などのプログラムを紹介する。

（1）「はじめてのソーシャルスキル」

　「はじめてのソーシャルスキル」（日戸ら，2010b）は，基本的なソーシャルスキルを初めて用いる場を構造化することで，子どもに成功体験を持たせ，スキルの習得だけでなく社会参加や仲間づくりに向けた社会的な価値や態度の形成を促進することをねらいとする。

　筆者らは，学齢期以降の臨床経験の蓄積を基に，自閉症スペクトラムの子どもにとって社会参加の鍵となる基本的ソーシャルスキルをいくつか想定した。①大人との「合意」，②相手の気持ちに着目した「向社会的行動」，③家庭や小集団における「役割分担」，④仲間の発言に対する「傾聴」，の4つである。

　プログラムでは，これらに対応したサブプログラムを，子どもへの療育と親子で取り組むホームワークを連動させて実施する。

第1期「はじめての共同作業」

　簡単な工作や「生活習慣チェック表」づくりに親子で取り組む課題である。目標は，子どもにとっては大人との共同作業を通じて合意の成功体験を持つこと，

親にとってはわが子の特性を理解し，子どもに歩み寄るかたちで合意の成功体験を支える意義を実感することである。

　このサブプログラムは，1年間の最初に実施する。共同作業を通じた親子の合意は，一見するとやさしいように見えるが，実はとても難しい課題である。子どもが手伝ってくれた親の存在をまったく意識できない場合や，逆に親が自分のしたいことを一方的に子どもにさせようとする場合もしばしばみられる。療育者は親に対して事前にあまり多くを説明せず，親子で作品を完成させた後で，療育場面での子どもの反応を見ながら親と一緒にふりかえるプロセスを特に大切にする。親が子どもの特性について理解を深め，子どもに歩み寄るかたちで合意する姿勢を形成することが，その後のプログラムの効果増強につながると考えるからである。

第2期「はじめての贈り物」
　簡単なプレゼントづくりや年賀状づくりと，完成した作品を相手に渡すことに親子で取り組むという課題である。目標は，子どもにとっては「自分が何かをしたら，相手が嬉しい気持ちになる」ことがあることへの気づきを促すこと，親にとっては，そうした子どもの気づきを促すために，贈り物をつくる際や，それを渡す際に，子どもが相手の気持ちに注目できるような工夫や準備の必要性を実感することである。

第3期「はじめてのお手伝い」
　テーブルふきやタオルたたみなど，家庭での簡単なお手伝いを親が子どもに促し，お手伝いが終わったら親子でチェック表にシールを貼るという課題である。目標は，子どもにとっては分担された役割の手順を自分で判断し，親から促されなくても自分で取り組む意欲を促すことと，お手伝いが終わった後には親に報告して一緒にチェックする習慣を持つことである。親にとっての目標は，子どもが手順を自分で判断できるための教え方の工夫や，事前練習の必要性を実感することである。

第4期「はじめての仲間づきあい」

　子ども同士の集いの場を大人が設定し，それぞれが持ち寄った「見せたい物」を交代で見せ合う課題である。これはYRCの学齢児支援で筆者らが開発した「趣味の時間」プログラム（日戸ら，2010a）の幼児期版である。自閉症スペクトラムの子どもにとって同世代の仲間との相互交渉は最も難易度の高い課題であるが，共通の興味を題材に用いることにより，子どもの参加意欲を高めることができる。目標は，子どもにとっては自分の見せたい物を仲間に見せるだけでなく，仲間の見せたい物にも注目し，仲間の発言を傾聴する態度を促すことである。親にとっての目標は，療育終了後も地域の中で仲間づきあいを維持・発展できるように，親同士が集いの場を計画し，そこでの子ども同士の相互交渉を円滑に進めるための技術を習得することである。

（2）身辺自立を通じた，自律スキルの指導

　身辺自立の指導は，知的障害例の早期療育では大抵行われている。しかし高機能例の場合，早期療育では社会性やコミュニケーションに特化した課題が優先され，身辺自立については特別な指導がなされないまま，通常学級に就学する場合が少なくない。一方，成人期になって相談支援の場に駆け込む高機能の人たちの多くは，身辺自立を含む基本的生活習慣に多くの課題を残していることが指摘されている（土岐ら，2009）。

　YRCでは，高機能の早期療育であっても，プログラムの中にトイレ，着替え，持ち物の整理整頓，使った道具の片づけなどの課題を組み込み，生活年齢に即した指導を行っている。たとえば，5歳児のトイレの課題では，移動中は静かに歩く，男子は立ち便器で用を足す，女子は使用後に鏡で身だしなみをチェックする，手洗い用にハンカチをポケットに入れておくなど，就学を意識したマナーを，行動の次元だけでなく，皆で気をつけるべき大事な価値として子どもに教える。また，教室に持ってくるかばんの中身は，家庭で子どもが自分で用意するようにと伝え，親にもサポート役を担ってもらう。

　筆者らの調査（日戸ら，2015）では，高機能の幼児は自律スキルの獲得においても，定型発達児と比べて遅れがみられる。また，その要因として，不器用さなど子ども側の特性が考えられる一方，親が先回りして"やってあげてしまっ

ている"ケースが少なくない実態も明らかになった。高機能例では，療育者のみならず，親の関心も社会性やコミュニケーションに向きがちであり，子どもの身辺自立の大切さは意識化されにくいかもしれない。5歳児に対して，療育場面で自律スキルを課題にすることは，親に対しても就学後の予測を促す題材になり，現実的な就学相談につながりやすいと考えられる。

4 小集団形式による早期療育の意義と限界

　自閉症スペクトラムの認知特性は，訓練によって治すもの，変えるものではない。むしろ特有の認知特性を子どもが今後も持ち続けることを前提に，その認知特性を活かして，療育内容を子どもにとってわかりやすく，楽しめるものに設計する必要がある。3歳児に対する療育では，構造化された環境のもと，子どもが自分の興味やペースを尊重されながら人と一緒に社会的な活動に参加し，心地よさや満足感など，快体験を積むことが重要な発達課題と考えられる。

　この考え方は，もちろん4～5歳児の療育にも共通する。幼児期という，物心がつく前の段階から，人に対する安心感，人と一緒に過ごすことへの快体験を積み重ねることは，その後の子どもの内面発達やレジリエンス，心の健康を支える，社会参加に向けた土台づくりとなる。

　加えて，自閉症スペクトラムの子どもは，通常であれば幼児期に自然と身につけるはずの社会的な価値や態度を，家庭や園の中で形成することが困難である。知的障害のある子どもであれば，就学後も特別支援教育や福祉的支援を通じて学習の機会が得られよう。しかし高機能の人たちの多くは，通常の教育や一般社会の中に身を置き，特性に配慮した学習の機会を得ることが難しい。この高機能例に特有な幼児期の陥穽は，青年期以降の社会参加をさまざまな形で制限する要因となり得る。このため，高機能の4～5歳児の療育では，ソーシャルスキルと自律スキルという2軸に沿って，いくつか鍵となるスキル学習の促進が重要な発達課題と考えられる。

　そして，いずれの場合も，親が子どもの特性を理解して歩み寄り，療育で学習したことを地域生活の中で活かすためには，療育中の親子ワークや，親子で取り組むホームワークなど，子どもへの療育と連動させた親支援が不可欠であ

る。早期療育は，子どもへの支援と親支援が両輪となって初めて効果を発揮することを，改めて強調したい。

　YRCでの早期療育を経験し，すでに青年期・成人期を迎えた人たちのほとんどは，学校や職場の中で自分のすべきことを自分で判断して取り組み，困ったときには人に相談する姿勢を身につけ，順調な日常生活を過ごしている。また，共通の興味を題材に，仲間と集って余暇を楽しむ姿や，それをさりげなく支える親同士のつながりもみられる。しかし，これを"早期療育の効果"として客観的に検証する方法は未だ確立されていない。青年期以降の安定した地域生活までを含めた効果検証は，現時点での限界であり，今後の課題である。

【引用・参考文献】

本田秀夫・日戸由刈（2012a）初回評価と療育への導入プログラム．清水康夫・本田秀夫（編）：幼児期の理解と支援，金子書房，pp.84-99.

本田秀夫・五十嵐まゆ子・後藤慶子（2012b）療育のグッドプラクティス．清水康夫，本田秀夫（編）．幼児期の理解と支援，金子書房，pp.100-107.

本田秀夫・日戸由刈（2013）ライフサイクルを通じた，家族の心がまえ．本田秀夫・日戸由刈（編）．アスペルガー症候群のある子どものための新キャリア教育，金子書房，pp.115-130.

Jordan, R. (2005). Managing autism and Asperger's syndrome in current educational provision. Pediatric Rehabilitation 8, pp.104-112.

日戸由刈・萬木はるか・武部正明・本田秀夫（2010a）アスペルガー症候群の学齢児に対する社会参加支援の新しい方略．精神医学 52；1049-1056.

日戸由刈・本田秀夫・須田恭平（2010b）はじめてのソーシャルスキル・その1．リハビリテーション研究紀要 19；17-24.

日戸由刈・白馬智美・田中里実・玉井創太（2015）発達障害幼児の基本的生活習慣にかんする予備的検討その2．第26回日本発達心理学会抄録集，P5-091.

清水康夫（1999）自閉症の療育．陣内一保・安藤徳彦・伊藤利之編：こどものリハビリテーション医学，医学書院，pp.180-190.

土岐淑子・中島洋子（2009）高機能広汎性発達障害の就労支援．児童青年精神医学とその近接領域 50．122-132.

第7章

早期発見をめぐる親の葛藤への支援

岩佐光章

1 はじめに

　自閉スペクトラム症（Autism Spectrum Disorder：以下ASD）や注意欠如多動性障害（Attention Deficit / Hyperactivity Disorder：以下ADHD）など発達障害は，家族がその特性を早期から正しく知っておくと，本人の適切な支援につながり，薬物療法を含む他のどのような治療的介入よりも絶大な効力を発揮し得る。その一方で，不用意に診断を伝えられることは，ややもすると親の認識が不確定なまま専門家という強い立場から一方的に判断を押し付けられ，早期介入において適切なインフォームド・コンセントが行われず親の葛藤が強まる危険性を孕んでもいるだろう。本稿では，まず早期から親を治療的介入に組み入れていくことの重要性についてふれ，次にその際に心得ておくべき親の葛藤への支援について述べる。

2 親を早期から治療に組み入れていくことの重要性とそこに生じうる葛藤

　これまで発達障害の子どもに対する多くの取り組みでは，早期から親を専門的な介入に組み入れていくことの重要性を支持している。親を早期から支援することの重要性は，主に以下の2点にまとめられる。1つ目は，親を早期から共同治療者として位置づけ，ASDなど発達障害の子どもの育児にかんする親の知識やスキルを増加させることで発達障害の子どもが生活上の様々な状況で学ぶ機会を継続的に作ることができる。2つ目は，親の育児に関連するストレスを減らすことである。早期から支援者が関わることで，周囲からの孤立を防ぎ，

親の過度なストレスを減らすことが可能となる。

　早期から専門的な治療の中で親も支援するためには，それに先だって専門家から親に対して適切なプロセスで子どもの診断が伝えられていることが必要である。しかし，これまでの研究では，ASDの診断が親に対して子どもが就学するまでに適切なプロセスで伝えられているとは言い難い状況が続いていることを示してきた。Howlin & Moore（1997）は，英国で自閉症の子どもをもつ親1200名以上に対するアンケート調査で，親は子どもが平均1.7歳のときに子どもの発達の異常に気付き平均2.3歳で援助を探し求め始めるが，その後なかなか診断をうけることができず，専門家から診断をうけることができたのが平均6.1歳であったこと，診断が確定した年齢が上がるほど診断プロセスにかんする親の満足度が下がることを示した。それ以後，各国の調査でもほぼ同様の結果がみられている。このような調査は本邦ではまだないと思われるが，一部の地域を除いて日本でも未だに同様の課題があると思われる。即ち，少なくとも典型的な行動特徴をもつ自閉症のような発達障害については，診断をうけることに対する親の葛藤の課題よりもむしろ，適切な診断を適切な時期にうけることができず，その結果として親が診断プロセスに不満を抱いているという課題が今もあることを認識する必要があるだろう。過度に親の葛藤を恐れて早期診断につながないことは厳に慎まなくてはならない。むしろ，親の葛藤を含め幅広く保護者支援ができる早期発見・早期介入の整備を早急にすすめることが現時点における最も肝心な課題である。

　そうはいっても，症状がはっきりしないほど早期の段階になってくると，子どもの発達や行動について親もまだ気づかない（あるいは確信にまで至らない）ことがままある。早期発見の臨床において特に難しい状況は，なかなかうまくいかない育児によって親がフラストレーションや不安を抱きつつあるが気づきがまだ十分なされていない段階にある場合や，気づきが十分なされていない段階で他者から指摘をうけたりインターネットなどから過度な情報を得て不安ばかりが増幅されてしまうような場合である。これらの状況では，親は診断をうけることに対する葛藤が生じやすく，診断を伝えることを無目的に回避することは望ましいとはいえないが，支援にはより一層の細心さが求められる。英国国立保健医療研究所（National Institute for Health and Clinical Excellence,

NICE)の臨床ガイドライン（2011）によると,「子どもの発達や行動について支援者側に何らかの気づきがあるとき，支援者は即時に親や養育者が気づいているかの情報を入手するよう努め，彼らのいうことに時間をかけて耳を傾け専門機関への紹介について同意を得る」よう定めている。しかしその一方で,「両親や養育者が発達や行動の状態を疑っておらず，むしろ苦痛の原因となっているのだとしたら，彼らが気づきを持って専門家チームのところに来るには時間がかかるかもしれない」,とも述べている。この「言うは易く行うは難し」ともいうべき二つの文言を共に実行し親を支援することが，早期発見にかかわる全ての支援者に求められるのである。親にどれくらいの時期に子どもの診断を伝えるのが適切なのかについては個別性が高く，恐らくいくつかの因子によって左右されると思われる。例えば，子どもの症状の程度や経過，親の気づきや精神保健の状態，地域における早期発見システムやそれに携わる保健師など専門職の関わり，発達障害にかんする世間一般の関心の度合いなどが候補に挙げられるが，その検証は実はあまり進んでおらず，今後の課題である。

3 早期発見をめぐる親の葛藤への基本的な対応

　親に対する面接には少なからず精神療法の要素が求められる。支援者は，親に対する共感的態度を基礎におきながら同時に具体的な子育ての助言をしていくことを心がけねばならない。親が子育てに対する自信を失っている場合，子育ての中で成功体験を積むことは支援の重要な柱となる。面接では常に，親自身の生活環境やメンタルヘルスに気を配る必要がある。その状況によっては子どもの診断を伝えることよりも親への心理・社会的支援が優先される場合もあり，特に育児機能が脆弱な場合は一人の支援者で支える範囲には限界があるので関係機関と緊密に連携をとる。面接では，親をコミュニティとのつながりをもつ社会的存在として常に捉える必要がある。特に，母親が育児で悩んでいたり抑うつ状態で心理的視野狭窄に陥っているとき，家族の中で孤立していたり社会との接点が絶たれているような場合が多々あり，チーム内で情報を共有しつつ，必要に応じて関係機関と連携をとっていくことが肝要である。

　子どもの診断を親に伝える前段階として，医師以外の支援スタッフが親の葛

藤に対して果たすべき役割は非常に大きい。診察で診断のことも含め医師と親とがうまくコミュニケーションをとれるかどうかは，診察の前段階でどのように親が支援をうけて診察の意義を理解し診察に臨んだかによるところが大きいと言っても過言ではない。そのためには，前述のような基本的な面接技術を身につけておく他に，普段から関係機関同士で互いの役割を理解するよう努めながら早期発見から診断に至るまでの円滑な地域システムを構築しておく必要がある。本邦では乳幼児健康診査があり，発達障害の中でもASDにかんしては1歳半健康診査での検出感度が比較的高いため，1歳半健康診査を早期発見の拠点とするべきである。しかし，現在は発達障害の裾野が広がってきており，3歳児健康診査やその他の育児支援活動，あるいは幼稚園や保育所も早期発見の場として有用である。保健師や幼稚園・保育所の保育士（あるいは早期とはいえないかもしれないが小学校の教諭や特別支援教育コーディネーター）など，早期発見の最初の段階を担うことが多い支援スタッフは，担当する子どもにもしも発達障害の特徴が疑われた場合，まずは一人で行動するのではなく身近なチーム内で情報を共有する。そして，「発達障害」という用語を親に出す前に，まずは子どもの具体的な日常の様子について親とやりとりする機会を持つ。可能であれば，本人の問題点・ネガティブな点だけでなく，本人の良いところや持ち味のような点も併せてやりとりをした方が良い。例えば，ASDの幼児が朝のお支度の手順などを細かに記したカードを用いるなどしてうまくできたときなどである。親が子どもの発達特性を無理なく理解するプロセスとして，子どもが何かができないことに直面するときよりもむしろ，子育てでうまくいったときの体験を通しての方がかえって理解が進み，その結果として過度な葛藤を持たずにすむからである。そのようなやりとりを継続していく中で親との関係が取れてきたら，折をみて他の子どもとの違いについて共有を試み，それができたら「発達障害」の可能性についてやりとりを行う。これらのプロセスを焦ってはならない。また，支援者側の不安を親に押し付けてはならない。自分やチームがそのような心理状態に陥っていないかを常に確かめつつ親と面談をするように心がけることが肝要である。これらのプロセスで起こりがちな親の葛藤に，「段々と成長をしてかつての問題点が気にならなくなってきた（ただし問題がないわけではないが……）」といったものがある。特に認知発達に遅れのない

ASDでは，幼児期早期には言葉が遅いものの，その後言葉の数が急激に増えてくることがある。その場合，親としては言葉が少ないと心配していたが「これで一安心」と相談のニーズが下がりがちとなる。そのタイミングでいきなり発達障害の可能性について指摘をすると，診断を受け入れられない感情を喚起し余計な葛藤を増幅してしまうことがあるので，これらを予測して説明にあたるべきである。例えば「言葉は増えてくるかもしれないが，お友達との遊びがうまくできなくなるかもしれない。そのときには，このようにして対応していきましょうね」といった関わりである。あるいは，「もしもお友達との遊びがうまくできなくなってきたら，（療育センターなどの）専門の先生に相談してみてもいいかもしれませんね」，などの関わりを持っておく。

　子どもの診断を親に伝えることは診察で医師によって行われるが，診断を伝えることによる効果とデメリットを常に頭に入れつつ診察を行う。診断をうける際に親は大なり小なり葛藤を持っていることが多いが，適切な時期に親に診断を伝えることができると，その葛藤は比較的すみやかに安定の方向に向かうことも多い（親によっては，葛藤が消失する人もいる）。安定に向かう要素は人それぞれであるが，例えば，「どうしてうちの子は他の子どもと違うんだろう？」など，育児に関するさまざまな親の疑問に対してその答えとともに何らかの解決策を見出すことができるからであることが多い。したがって，診断を伝える際には，診断だけでなく解決策，幅広くいえば育児に関する今後のプランも併せて丁寧に説明することを心がける必要がある。通り一遍の説明をするよりは，本人（または親）の主訴にそって説明をする方が具体的な対策につながりやすく，親の葛藤を軽減することにもつながる。親によって個別性はあるが，概してホワイトボードまたはメモを書きつつ説明をした方が冷静に医師の話を聞くことができる場合が多い。両親（あるいはキーパーソンとなる祖父母）がいる家庭の場合は，診断を伝える際には可能な限り両親同席の上で医師から説明をうける，というセッティングを作るよう努める。母親が医師から様々な情報を得て子どもの発達障害の特徴の理解が深まる一方で，診察に来ない父親がそれに取り残され，いつしか埋めがたい夫婦間のギャップとなり葛藤の原因となってしまうといったことがあり得るからである。渋々診察に連れてこられたといった風の父親に対しては，まずは診察に来てくれたということに対して

その労をねぎらう。母親に比べて寡黙なことが多いが，時々「お父さんはどう思われますか？」など父親が発言する機会を持たせるようにする。なお，横浜市の地域療育センター（横浜市総合リハビリテーションセンターも含めて9か所ある）の多くは，診察の申し込みがあったときに，いきなり医師による診察を行うのではなく，その前にソーシャルワーカーがまず面接を行い，保護者の困っていることを整理し，その一部については診察を待たずに積極的に相談を進めていくようサービスの流れの整備を進めている。また，一部の地域療育センターについては，幼児と親が通い，子どもを安心して遊ばせソーシャルワーカーや療育者と育児相談ができる広場を設けている。これまでは，地域療育センターに紹介されるとまず診察が最初のサービスであったが，これらの対応により，今までは診察まで待たされていた感が強い保護者はその前から子どもへの対応について具体的な相談をすることができるようになる。さらに，漠然としていた子育てについての悩みが診察の頃になると主訴が整理され，診断をうけることの意味をそれなりに理解することで葛藤が緩和され，診察の進行がよりスムーズになる。特に，現在はインターネットや様々な書物などから情報を簡単に入手できるようになり，偏った知識を得て不安ばかり増大しつつほとんど誰からの支援も受けずに医師の診察を申し込むケースも決して少なくない。診察に至るまでの多職種・多機関による地域システムの構築は，葛藤を含めた親支援にとって必要不可欠なものである（岩佐，2015）。

　診断を伝えた後のサポートも，親の葛藤を支援する上で極めて重要である。前述のように診断を伝えることで葛藤が安定化することも多いが，診断を伝えられたことに動揺し葛藤を強く抱く場合もまた多い。「診断を伝えられた時は，頭が真っ白になり何も覚えていない」と振り返る親も少なくない。したがって，診断を伝えたあとのアフターフォローは非常に重要な意味を持ってくる。エビデンスがまだ十分とはいえないが，ASDについて診断の伝え方そのものだけでなく，その後にASDにかんする十分な情報とサポートをうけた場合に親の診断プロセスにかんする満足度が高いとする報告もある。また，診断を受けることによって生じうる葛藤という心的エネルギーをうまく扱えば，親（と子ども）が次のステップへと進む推進力となることも多い。例えば，「鉄は熱いうちに打て」ということわざが正に当てはまるのである。そのためにも，しっかりと

正しい診断を伝えることとその後のフォローを密接にプログラム化しておくことは，早期発見に関わる専門の支援者が心得ておくべき最重要の事柄である。

　診断を伝えた後の面接では，「診察をうけてみてどうでしたか？」とオープンクエスチョンで，もしくは「医師からどのような説明がありましたか？　それについて何か疑問点などはありますか？」とやや範囲を狭めてやりとりを行っていく。次に，診察の補足をするような形で診断の意味や基礎的な知識について説明をする。特に知的な遅れがなかったり，いわゆる症状が薄いケースの場合は，「診断がつく／つかない」ということに話題を終始するのではなく，もう少し広い視野で子どもをみる（例えば，「診断はその子という人間の一部を指しているに過ぎない」とか，「こういう良い面を持っていますよね」とか，その子と親に合わせて話ができるとよい）ように促せるとよい。ここで注意が必要なのは，関係がまだとれていない初期段階において「この子の能力は伸びていきますか？」とか「他の子に追いついていきますか？」といった類の親の質問に対する対応である。子どもの発達の状態や親の心理状態にもよるが，安易に「伸びます」と答えると，それは親の過剰な期待を招くと共に焦りを生じさせ葛藤を増幅させやすい。その一方で，安易に「伸びません」と答えると，今度は親の期待や何かにすがるような気持ちをバッサリと断ち切り，支援者に反発する感情を過剰に招いて葛藤を抱く要因にもなりやすい。ただし，親として当然生じるこれらの疑問に何も答えないのも良いとはいえない。できるだけ知能指数（IQ）についてこのようなことを言及する（つまり，「IQが上がる／上がらない」といった言い方）ことはできるだけ避け，具体的な生活上の行動や集団活動についての説明と見通しを与えることで，より生活に密着し幅広い視野に親が立てるように支援すること，そして親が自分なりに判断して子どもと親自身にとって妥当な今後の生活プランを決定していけるよう支援していくことが重要である（これをインフォームド・コンセントの一つといっても良いが，それをより発展させた「方針決定の共有（shared decision making）」（Towle & Godolphin, 1999）という考え方がよりふさわしい）。

4 親の葛藤への支援のコツ①
―その葛藤には子どものこと以外の要素が関与していないか

福祉保健センター，幼稚園や保育所からの紹介，あるいは親が自分で調べて受診するなど，相談に至る経路はさまざまである．その場合，通常は子どもの何らかの発達や行動に関する心配事があって親は相談に訪れるわけだが，親の心配事や抱えている悩みは子どもに関することが全てではないかもしれない．例えば経済的なこと，自分や家族の健康不安，夫婦間のもめ事，実家との関係が折り合わないなど様々な心配事があり，その親からすれば子どもの心配事はこれら全体のごく一部にすぎないかもしれない．前述のように，早期発見において多少の葛藤を親は抱くものであるが，通常経験するよりも大きな葛藤がみられる場合，これら子どものこと以外の心配事がその親の心理に影響を及ぼしていることを疑ってみる必要がある．

まだ経験の浅いスタッフに対して，筆者は「少なくとも4つの親の要素を記述すること（4 factor's theory）」を心がけるように指導している．慣れるまでは，得られた医療情報から要素を実際に紙に書いてみるのが良い（図7-1）．次

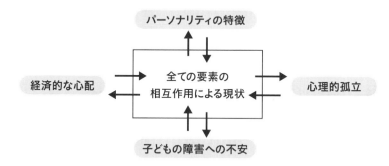

図7-1　4つの親の要素（4 factor's theory）の例

に，「①その中でどの要素が最もその親の状況を反映していると思われるか？」「②その要素はその親に元々存在する（一次的な）ものなのか，それとも別の要素との相関によって増幅されている（二次的・三次的な）ものなのか？」という検討をしていく。例えば，元々誰かと相談することが苦手（一次的）で経済的な心配もある状況下で（一次的），「子どものことで療育センターに通わなければいけないから仕事を減らさなくてはいけないかもしれない」という心配が出てきて（二次的），これらの心配が折り重なって更に心理的に孤立してしまう（三次的）といったような検討をする。この例の場合，「実際にどれくらい療育センターに通えばよいのか」という見通しを伝えたり，経済的な心配を軽減する福祉サービス情報を提供するといった対応によって，一次的な要素はなかなか変わらなくても，二次的・三次的な要素を軽減することは可能かもしれない。面接での様子から「あの親は〇〇な人だ」といった，親の葛藤を安易にパーソナリティのみに帰結しようとせず（もちろんパーソナリティの評価も重要ではあり時に専門的な精神病理の評価が必要なこともあるが），面接室を飛び越えた社会的な存在として親を多面的に評価できると，親の葛藤を狭く見ずに幅広く心理社会的な支援の方針をたてるきっかけとなる。

5 親の葛藤への支援のコツ②
―― 家族または親自身に発達障害のテーマがある場合

典型的には，子どものきょうだいに既に発達障害の診断がついていて，その当時の支援者から嫌なことを言われた記憶がある，といったようなケースである。そのような場合，今回も嫌なことを言われるのではないかという不安が募り，通常よりも強い葛藤が出やすいことがある。また，親自身が子どものときに発達の検査をうけたとか，かつて自分の親に連れられて相談するような場所に連れてこられたといったような経験をしていておぼろげにその記憶がある，といったケースもある。その経験がその親にとってどちらかというと否定的な過去の記憶として現在とつながっているようなとき，通常よりも葛藤が出やすいことがある。親自身に関するテーマは，その親にとって嫌悪すべき過去の再体験であったり親の自己内面にかかわる非常に繊細なものであるために，一般的

には相談が深まってきてから扱っていく方が無難である。なお，同様に「家族（または親自身）に発達障害の特徴がある」というテーマを持っている親でも，発達障害をありがままのものとして捉えたり，ある種のポジティブなイメージを抱いており，むしろ葛藤が全く生じないケースもある。その場合，支援者側としては変に深いテーマにせずに，「あるがまま」という考え方に共感する態度に徹することが相応しい。

6 おわりに

　これら一連の関わりは，親によって個人差はあるがそれなりの時間を要するといってよい。幼児期早期から関わりを開始した場合で，就学もしくは就学後2〜3年が一つの目安となる。しかし，その後も葛藤が完全になくなるということはあまりないのかもしれない（そのような研究は筆者の知るところまだないが，経験的に幼児期から継続的にフォローして成人にまで達した典型的な自閉症の方の親御さんが，子どもの特徴を良く知っているはずなのに診察のときに時折何らかの葛藤を見せることも経験する）。葛藤は減る／減らすというものではなく，自分の子どもに合った発達障害に関する知識とその対応方法，「何とか対応ができるものなのだ」といった自己肯定感，何かあれば相談することができる（専門家にも家族にも同じ境遇の仲間にも）という安心感やつながり，ある程度の今後の見通し，など様々な心理的条件がそろうことで，葛藤ばかりが心を占めるという心理的視野狭窄を緩和していくことが親の葛藤への支援の鍵となるのかもしれない。

【引用・参考文献】

Howlin, P., Moore, A. (1997) Diagnosis in autism. A survey of over 1200 patients in the UK.Autism 1(2), 135-162.
岩佐光章（2015）自閉スペクトラム症，早期療育・支援の横浜モデル．臨床精神医学 44 (1), 73-79.
NICE Clinical Guideline (2011) Autism: recognition, referral and diagnosis of children and young people on the autism spectrum. Royal College of Paediatrics and Child Health.

第8章

ペアレント・トレーニングと
ペアレント・メンター

吉川　徹

1 発達障害の子どもをもつ親のニーズ

　子どもの育児の困難に気づいた時期から発達障害の診断を受ける時期，受けた時期の養育者には多様で，時には互いに矛盾するようなニーズが存在する。その中の一部に応えていく支援が，ペアレント・トレーニングやペアレント・メンターの活動となる。

　こうした時期に親が求めるものの一つが，それぞれの子どもの特性についての正確な知識と，現在の困った行動への対処，新しいスキルの習得，そして子どもの力そのものを伸ばしていくための働きかけの方法を知りたい，身に付けたいということである。このようなニーズに応えていく方法の一つとして，ペアレント・トレーニングと呼ばれる様々な技法が開発されている。またペアレント・トレーニングという名称が用いられていない場合でも，同様の目的や手法で取り組まれている支援技法も多い。

　一方で，障害についての基本的な知識や対応法などを知り，時にはその実践が上手く始まっている場合でも，養育者には簡単には割り切れない思いが残る。「発達障害について基本的なことはわかった。子どもの特性も以前よりよく見えるようになった。対処の方法もなんとなくわかってきた。でもね……」と。

　もちろん職業的支援者もこうした養育者の気持ちを支えていくことが求められるのだが，彼らは子どもの支援者として養育者の前に立ち現れることが多く，ペアレント・トレーニングやそれに類する支援を担っている。こうした支援者が養育者の「でもね……」の部分を支えていくことには本質的な困難があるとも言える。時には子どもへの支援が上手くいっているほど，また支援者が熱心に関わっているほど，養育者にとって表出が難しくなる思いもある。

ペアレント・メンターは同じような障害を持った子どもを育てた経験のある親であり，支援を受ける養育者の仲間であり，先輩である。また子どもの支援者ではなく，養育者自身の支援者であることを基本としている。同じ側の立場にたって，傾聴を基本の支援技法とするペアレント・メンターには，こうした割り切れない親の思いを聞いていくこと，それを支えていくことについて大きなアドバンテージがある。ペアレント・メンターによる支援は，ある意味ではペアレント・トレーニングによる支援と相補的な関係にあると言えよう。

　現在，厚生労働省が進めている発達障害者支援体制整備事業においては，アセスメントツールの導入促進やソーシャル・スキル・トレーニングなどと並んで，養育者への支援としてペアレント・トレーニングとペアレント・メンターに関する事業が挙げられており，家族支援技法の両輪となっている。

　本稿ではペアレント・トレーニングとペアレント・メンターによる支援を取り上げ，我が国での実際の支援の展開に着目して解説する。

2　ペアレント・トレーニング

(1) ペアレント・トレーニングとは

　発達障害を持つ児童の養育者などを対象として行われるペアレント・トレーニングは，行動理論に基づき，子どもの適応的行動を増やし，不適応行動を減らすことを目的として行われる。

　ペアレント・トレーニングは一般的には数回から十数回程度のセッションで構成されており，個別に行われる場合もあるが，多くはグループで実施される。レクチャー，ロールプレイ，ホームワークなどを通じて，養育者が効果的な関わり方，行動変容の技法を身に付けることが目標とされている。集団で実施される場合には，養育者同士の意見交換や交流の促進による効果も期待できる。

　欧米では1960年代から，知的発達障害や自閉症の子どもの養育者を対象として，行動療法を基盤としたトレーニングが行われるようになり，その後次第に対象が拡大した。1980年代までにはADHDや心身症，不登校，虐待を含む親子関係の障害など様々な状態に対して実施されるようになった。

(2) 日本におけるペアレント・トレーニングの開発・普及

　我が国では1990年代より，カリフォルニア大学ロサンゼルス校のウィッタムらによって開発されたADHDの子どもの養育者を対象に開発されたペアレント・トレーニング・プログラム（ウィッタム，2002）を原型として，奈良県心身障害者リハビリセンターの岩坂ら（2013）や国立精神神経センターの上林ら（2009）によって，日本へのローカライズが行われた。同時期に国立肥前療養所（現・肥前精神医療センター）においてもペアレント・トレーニング・プログラムが開発された（山上，1998）。これらのプログラムを元に，各地でペアレント・トレーニングの実践が広がっていった。更には全10回程度であったプログラムを短縮する試み（中田，2010）なども行われている。
　また自閉スペクトラム症の児童の養育者を対象とした取り組みも，各地で試行錯誤しながら行われている（井上，2012）。前記のADHDを想定したプログラムも修正を加えつつ，自閉スペクトラム症に対しても実施されることがある。
　最近ではより包括的な療育パッケージの中にも，その重要な要素として組み込まれている。近年自閉スペクトラム症への早期介入法として，非常に注目されているEarly Start Denver Model (ESDM) は，親へのトレーニングと家庭での実践を含んでおり，その際に親の養育ストレスは上昇せず，育児に関する効力感が増すことも報告されている（Estes et al., 2014）。この他にも機軸行動発達支援法（Pivotal Response Training; PRT）（ケーゲル・ケーゲル，2009）やSCERTS（Prizant, 2006）などの技法においても，養育者へのトレーニングはその重要な要素となっている。

(3) 育児支援の中へ

　ペアレント・トレーニングの適用範囲は広く，必ずしも発達障害ないし何らかの疾患や障害の診断を前提とするものではない。より早期の介入を目指した，一般の育児支援の一環として実施することを目指すペアレント・プログラムなどの取り組みも開始されている（辻井，2014）。ペアレント・プログラムにおいては，その実施者として必ずしも行動療法などの専門家が想定されておらず，一般の保育士，保健師などによる実施が可能となるように開発されている。海

外の研究（Reichow, Servili, Yasamy, Barbui, & Saxena, 2013）でも，非専門家によるペアレント・トレーニングによって効果が期待できるとされている。より早期に多数の対象に実施可能なペアレント・トレーニングの形を今後も検討していく必要があると考えられる。

　ペアレント・トレーニングは必ずしも発達障害のみを対象に開発されているわけではなく，発達障害に伴って現れてくる状態に対しても，有効であると考えられている。コモンセンス・ペアレンティング（Common Sense Parenting）は被虐待児の保護者支援を目的としてアメリカで開発されたペアレント・トレーニング技法であり，暴力や暴言を使わずに子どもを育てるスキルを親に伝えることで，虐待の予防や回復を目指している（野口, 2009）。この他にも育児支援を目的としたトリプルP（NPO法人トリプルPジャパンホームページ, 2014）などのプログラムも我が国に紹介されている。またACT（アクセプタンス＆コミットメントセラピー）の原理に基づくペアレント・トレーニング・プログラムなども開発されている（コイン・マレル, 2014）。

（4）「日本型」ペアレント・トレーニング

　一般的にペアレント・トレーニングという用語が使われることはないが，我が国で従来から取り組まれている母子通園による発達支援は，その目的や基盤となる技法の点において，ペアレント・トレーニングと共通する部分が多い。

　特に模倣の習得，促進を中心とした手遊び，体操などの活動や，身体的，音声的な相互作用を重視した遊びの習得などを目指した取り組みは，現代的なペアレント・トレーニングと多くの要素を共有していると言える。

　しかし一方で母子通園の大きな問題点は，その養育者や家族，特にきょうだい児への負担の大きさである。一般的に想定される母子通園の通園期間は一年間，時にはそれ以上に及ぶ。頻度も月に数回程度から週に5日まで幅広いが，養育者はかなりの期間拘束されることとなる。特に保育園等への移行が困難な場合，母子通園以外の選択肢が得られにくい地域があり，大きな問題となる。

　現代の家庭では家計の安定のために共働きが必要な場合が多く，また発達障害のある子どもの養育には時に追加的コストが必要になることを考えると，初期に大きな機会費用が発生することは好ましくない。またこの母子通園はきょ

うだい児の養育にも影響を与えたり，逆にきょうだい児の存在のために母子通園が利用できない場合も見られる。適切な条件が整った場合の母子通園の効果は大きいが，上記のような家族への負担を考慮し，より短期間で効率よく知識の伝達や技法の習得ができる選択肢が確保されるべきである。

（5）ペアレント・トレーニング実施の際の留意点

　発達障害を持つ子どもと家族の支援に際して，ペアレント・トレーニングは有用な技法であるが，子どもや家族の状況によっては効果が充分期待できないことがある。養育者が抑うつ的であったり重大な精神疾患がある場合や，家庭に経済的な困難がある場合，虐待など親子関係に大きな困難がある場合などでは，ペアレント・トレーニングの実施が困難であったり，少なくとも集団で行われるペアレント・トレーニングへの参加が難しいことも多い。こうした事例に対してトレーニングを行う場合には，個別での実施や，親子の状態にあったプログラムの選択などを検討すべきである。

3　ペアレント・メンター

（1）ペアレント・メンターとは

　メンターとは，ギリシャ神話を語源とする言葉で，よき助言者などを意味している。ペアレント・メンター活動とは，自閉スペクトラム症をはじめとする発達障害を持つ子どもを育てた経験のある親が，一定の研修をうけ，後輩の親たちの支援を行うことを指している。近年，依存症や学生支援などをはじめ，様々な対人支援の領域で，同じ立場の人，すなわちピアによるサポートの効果や効率性の高さが知られるようになってきている。

　発達障害の領域においても，欧米では活発に親から親への支援活動が行われている（原口・井上・山口，2015）。我が国においても発達障害を持つ子どもの親自身が，他の親を支援するという活動は，ペアレント・メンター活動より以前から行われてきている。1967年には須田初枝らにより現在の日本自閉症協会の前身である「自閉症児親の会」が設立され，また同じ年には「名古屋自閉症

児親の会」も発足し，後に愛知県自閉症協会へと発展している。こうした親の会の活動を通じて，また地域での生活や療育，教育を通じた繋がりのなかから，自然発生的に親から親への支援は行われてきた。

　こうした背景の中，佐賀県で官民一体となって進められたペアレント・メンターの養成，支援活動（パーマー, 2012）や日本自閉症協会による養成プログラムの開発（日本自閉症協会, 2006）とそれを用いた各地での養成研修の実施，支援活動の展開などが嚆矢となり，平成22年度からは，厚生労働省がペアレント・メンター養成を発達障害者支援体制整備事業の中に施策として位置づけ，対象を発達障害全体に拡大して活動を推進している。筆者の知る限りでは，2015年3月時点で全国の少なくとも39都道府県においてペアレント・メンター養成研修が開催されている。また養成研修が開催されていなくとも，近隣地区で研修を受けたメンターが活動している自治体も見られ，活動は全国に広がりつつあると言える。

　養成研修では座学やロールプレイなどを通じて，対人支援に関わる基礎的な知識の習得や，面接相談，グループ相談，電話相談などに関するスキルトレーニングが行われている（井上・吉川・日詰ら, 2011）。

（2）ペアレント・メンターの活動

　ペアレント・メンター活動は，共感や傾聴，適切な支援機関等の情報提供を通じて，後輩の親を支援することを主な目的としている。同じ経験，類似した経験をしているが故の共感のしやすさ，受け入れられやすさはメンターによる相談の利点である。特に，知識やスキルの習得だけでは解決しづらい割り切れなさ，理不尽な思い，子どもに関わり続ける困難さ，時には支援者に対する愚痴などを聴き取り，共感するという点において，立場を同じくするメンターには大きなアドバンテージがある。またユーザー側の視点に立った情報提供は非常に有用であり信頼されやすい。ほかにも一般向けの啓発活動や専門家の育成への協力などもメンター活動の目的となりうる。

①相談活動

　ペアレント・メンターの実際の活動内容は地域によって様々である。多くの

地域ではメンターによる活動は，グループ相談の形態で実施されている。これは比較的導入しやすく，安全性が高い。茶話会，グループ相談会や地域の親の会の例会などの名称で開催されている。メンターがファシリテーターとなることが多いが，専門家と協力して相談を行っている地域もある。インシデント・プロセス法などのグループ相談用の技法を用いることが勧められている。

地域によっては個別の面接相談が時間や場所を特定し，予約を取るなどの形で実施されている。相談者およびメンターを守る意味ではできる限りそのような相談の枠があることが望ましいが，実際には生活や親の会活動の中で自然発生的に面接相談が行われていることもある。

電話や電子メールによる相談も行われているが，相手の表情が見えず，感情の読み取りにくいため，難易度が高く負担は大きい。ペアレント・メンターの研修では，グループ相談や面接相談の予約を勧める，支援機関の情報提供を行うなど，他の支援に繋ぐことを主眼とすることが勧められている。

②啓発活動

ペアレント・メンターは直接的な相談活動のみでなく，様々な啓発活動も行っている。地域によってはメンターが運営するサポートブック作成会が開催されており，サポートブックの普及，初めての作成のきっかけ作りなどのために活用されている。

また最近では，親が自らの子育ての体験を語る形式の研修会やシンポジウムなどが開催されることが増えている。支援者養成のための研修にメンターが協力する取り組みも始まっている。発達障害の障害特性を体験を通じて学んでもらうことを目的とした疑似体験公演も各地に広がってきている。キャラバン隊などの名称で活動していることが多いが，こうした取り組みにペアレント・メンターが参加している地域がある。

③ペアレント・トレーニングへの協力

鳥取県においては，ペアレント・トレーニング実施の際に，ペアレント・トレーニングを受けた経験のあるメンターが，サブスタッフとして参加者のサポートをする取り組みが行われている。

グループで実施されるペアレント・トレーニングは，元来ピアサポートの機能を持ち，同じ立場の仲間と知り合うこと，互いに共感し支え合うことの意義は大きい。ここにメンターが参加することで，ピアとしての交流がより促進される。また参加者にきめ細かいサポートが提供でき，ペアレント・トレーニングの場をより安心で安全なものとすることも期待できる。

(3) ペアレント・メンターの活動を支える

　ペアレント・メンター活動は，親のボランティアであることが原則だが，その活動を長期間継続していくためには，それぞれの地域の行政や専門家による支援が不可欠となる。

①ペアレント・メンター・コーディネーター

　厚生労働省は平成23年度からペアレント・メンターの活動を調整するコーディネーターの配置を予算化している。コーディネーター業務は発達障害者支援センタースタッフや行政職員が担当することが多いが，ベテランのメンターが行っている地域もある。

　コーディネーターの業務としては，地域ニーズの調査と活動企画，マッチングとメンターのフォロー，機関連携や報告の取りまとめなどがあげられる（日本ペアレントメンター研究会，2014）。

②専門家によるサポート

　地域でのメンター活動の展開には地元の専門家による支援が不可欠である。専門家は養成研修で講師やインストラクターを担当ことが期待されている。また困難な相談事例などに関して，専門家によるコンサルテーションやスーパーバイズのシステムがあれば，助言を受けることが可能となる。またコーディネーターには困難事例を担当することとなったメンターを，早期にこうしたサポートに繋ぐ役割も期待されている。

③運営委員会組織によるバックアップ

　コーディネーターの業務は多岐にわたるため，少数の人や機関で担うことは

難しい。都道府県程度の規模で，メンター，行政機関，発達障害者支援センター，専門家などを構成員として，メンター活動についての支援，調整などを行う委員会等を組織してバックアップを行うことが望ましい。

（4）ペアレント・メンター活動の留意点

　ペアレント・メンターの活動はあくまでも普通の親たちによる自発的な活動であることを意識しておく必要がある。活動においては時間的，経済的，心理的負担に常に留意すべきであり，メンターに過度な負担がかかることを避ける必要がある。研修等でもこの点を強調し，仕事や育児などとメンター活動とのバランスの取り方などについても伝えておく必要がある。また特定のメンターに過度な負担がかからないような体制も求められる。

　メンターは専門家ではなく，また親のお手本でもない。メンターに困難事例の解決を求めることは適切ではなく，あくまで適切な支援機関に繋ぐこと，また支援機関に根気よく繋がり続けることをサポートする役割であることを関係者が意識しておくことが必要である。

　地域で事例が困難化する場合，その要因として支援が開始されるタイミングが遅れること，上手く繋がることができずに早期に支援から離れてしまうこと，支援機関を転々としてしまうことなどが考えられる。地域の中でメンターが活動することで，親と支援者・機関が早く，上手く繋がることができ，また繋がり続けることができるようになることが期待されている。

【引用・参考文献】

リサ・W・コイン，アミー・R・マレル（著），谷晋二（訳）(2014) やさしいみんなのペアレント・トレーニング入門―ACT の育児支援ガイド．金剛出版．

Estes, A., Vismara, L., Mercado, C., Fitzpatrick, A., Elder, L., Greenson, J., et al.(2014). The impact of parent-delivered intervention on parents of very young children with autism. Journal of Autism and Developmental Disorders, 44(2), 353–365.

原口英之，井上雅彦，山口穂菜美 (2015) 発達障害のある子どもをもつ親に対するピアサポート：わが国におけるペアレント・メンターによる親支援活動の現状と今後の課題．精神保健研究．(61)，49–56.

井上雅彦 (2012) 自閉症スペクトラムに対するペアレントトレーニング．小児の精神と神経．52 (4)，313–316.

井上雅彦，吉川徹，日詰正文，加藤香 (2011) ペアレント・メンター入門．学苑社．

岩坂秀巳（2013）ペアレント・トレーニングガイドブック．じほう．
上林靖子（監），北道子，河内美恵，藤井和子（編）（2009）こうすればうまくいく発達障害のペアレント・トレーニング実践マニュアル．中央法規出版．
ロバート・L・ケーゲル，リン・カーン・ケーゲル（著），氏森英亞，小笠原恵（訳）（2009）機軸行動発達支援法．二瓶社．
アン・パーマー，服巻智子，江口寧子（2012）自閉症の子どもを持つ親のためのペアレントメンター・ハンドブック．ASD ヴィレッジ出版．
中田洋二郎（2010）発達障害のペアレントトレーニング短縮版プログラムの有用性に関する研究．立正大学心理学研究所紀要
日本自閉症協会（2006）ペアレントメンター養成講座自閉症児者の家族支援の人材養成事業 2006．
日本ペアレントメンター研究会（2014）ペアレント・メンター活動ハンドブック．学苑社
野口啓示, のぐちふみこ（2009）むずかしい子を育てるペアレント・トレーニング．明石書店．
NPO 法人トリプル P ジャパンホームページ：http://www.triplep-japan.org/index.html．(2014 年 11 月 22 日アクセス) .(8), 55-63.
Prizant, B. M., Wetherby, A. M., Rubin, E, Laurent, A. C., & Rydell, P. J. (2006). The SCERTS Model: A Comprehensive educational approach for children with autism spectrum disorder. Paul H. Brookes Publishing.
Reichow, B., Servili, C., Yasamy, M. T., Barbui, C., & Saxena, S. (2013). Non-specialist psychosocial interventions for children and adolescents with intellectual disability or lower-functioning autism spectrum disorders: a systematic review. PLoS Medicine, 10(12), e1001572.
辻井正次（2014）ペアレント・プログラム入門：発達障害や子育てが難しい時の最初のステップ（第1回）ペアレントプログラムを始める．臨床心理学．14（1），69-71．
シンシア・ウィッタム（著），上林靖子, 中田洋二郎, 藤井和子, 井澗知美, 北道子（訳）（2002）読んで学べる ADHD のペアレントトレーニング――むずかしい子にやさしい子育て．明石書店
山上敏子（1998）お母さんの学習室―発達障害児を育てる人のための親訓練プログラム．二瓶社．

第9章

地域の幼稚園・保育園における支援

工藤哲也

1 はじめに

　近年,少子高齢化が急速に進む中,核家族化や離婚,再婚による家族形態の変化,非正規社員などの雇用形態の多様化,業種間の賃金格差など,育児を取り巻く社会的環境は大きく変化し厳しさを増している。経済的な理由から共働きをする家庭が増えているため,保護者に代わって0歳からの乳幼児保育がおこなわれることも珍しくない。今日,乳幼児健康診査(以下健診)を支援の入口として,子どもの発達障害の有無に関わらず,親から発信される「育てにくさ,子育て不安」に気づき,幼稚園や保育園に入園する前から支援を行う事が増えている。とりわけ乳児保育は健診との密接な連携で行われている。加えて,保健師や心理士など健診に携わるスタッフが「親子関係,育児環境に心配がある」と感じた場合には,アウトリーチ支援を行っている。具体的には,遊びの広場の紹介や親の精神面に配慮した支援,経済的問題や離婚等の福祉的な支援などが挙げられる。このような複合した支援が行われ,入園に至るケースは少なくない。また,入園後に集団生活の中で表面化した,気になる子どもや家族問題への支援も多い。現在,幼稚園・保育園は子どもの健やかな成長を守り育て,保護者の子育てを支える役割に加え,地域の子育てに関わる,福祉・医療・教育と協働した療育機能を併せ持った場としての役割が求められている。

　本章では,臨床心理士として,健診や入園前後の療育相談,就学支援など,医療・教育・福祉と協働した支援に関わる立場から,筆者が活動してきた長野県諏訪圏域を例に挙げて述べる。

2 乳幼児健診と入園前支援

　平成9年の地域保健法施行により，母子保健事業は市町村に一元化され，乳幼児健診は各市町村が行っている。健診に関しては1歳から2歳，3歳から4歳の間に行うとされている（母子保健法第12条）。出産または育児に関し相談に応じ個別的または集団的に必要な指導及び助言を行い，地域住民の活動を支援するとされている（母子保健法第9条）。これらにより，市町村は地域の特性を生かし，出産前の両親学級や4ヶ月，7ヶ月，10ヶ月，1歳6ヶ月，2歳，3歳，5歳児の健診や入園後，就学後に健診スタッフが訪問を実施するところもある。健診にかかわるスタッフは医療面をはじめ，遊びや集団行動，食事やしつけなど生活全般の相談や支援が行えるよう，小児科医，保健師，保育士，心理士，言語聴覚士，作業療法士らに加え教育相談員や家庭相談員が参加する場合がある。健診に平行し，子どもと親に対し，育児相談，子どもの遊びの広場や発達相談など，フォローアップの場が提供される。地域によっては健診業務を，医師会に委託しているところもある。

3 乳幼児の保育支援

（1）乳児保育における支援

　この時期は，身体，感覚，認知，対人面の著しい成長が特徴であり，授乳・排泄・睡眠などその子の生理的欲求やリズムに配慮し，運動発達を保証できる空間や愛着を形成できる安心した人間関係が必要である。運動発達の遅れやことばの遅れは比較的目立ちやすいが，静かでおとなしい児は保護者や保育士も発達の個人差内ととらえやすいことに注意が必要である。巡回相談では，児の発達，親子間の相互関係の発達歴が追える健診資料を生かした行動観察が重要である。この時期は児に関わる親の態度（産後うつや精神疾患など）や養育環境の問題に気づかれやすく，虐待の防止を含めた福祉的な支援の検討が必要である。臨床場面ではしばしば母親自身の生い立ちに虐待された過去が語られ親のメンタルケアが必要なケースに遭遇する。今後，経済的な理由のほかに，家

庭という密室の育児を避け，あえて乳児保育を選択する保護者も多くなるとおもわれる。保護者に対し「それでも親ですか」「まだできないんですか」など，非難的な言動に注意が必要である。

（2）幼児保育における支援

　子どもは集団内の生活や遊びの中で，身体を使った遊びやことばを介したやり取りなど，保育士・友だちと相互に影響を受けながら成長する。この時期は集団内で得意・不得意など発達の個人差がみられ，多様な発達に配慮した保育が求められる。更衣や食事など基本的な生活習慣での苦手さや，集団場面での落ち着きのなさなど，集団内で気になる子どもがみられる時期である。家庭と集団での児の行動の違いに気がつき発達を心配する保護者や保育士が増える。保護者は葛藤した状態で医療機関を受診し，中には就学に間に合うように「普通」「集団」に合わせようと児を叱責したり，療育の名のもとに「普通」に近づく努力を児に求めたりする。しつけ方や遺伝的なことで夫婦間の問題に発展し，さらにきょうだい関係に悪影響を及ぼす場合もある。また，就学をきっかけに，特別児童扶養手当や療育手帳を申請する保護者が多くなる。これらの取得により，市町村で異なるが，児童発達支援関係の福祉的なサービスが受けやすくなるのが理由である。

4　支援の実際

　諏訪圏域は県の中央に位置し，3市2町1村からなり，平成27年3月時点では総人口は198,266人，世帯数78,985世帯。出産世代女性人口の減少などにより少子高齢化が加速し，年に約1,300人前後の人口減少がみられる。平成25年の出生数は1,555人である。加えて県外への就職も多く，生産年齢人口の減少と経済力の縮減傾向も認められる。当地域のような小規模市町村では乳幼児から成人までその機能を横断的・縦断的に支え生かすために圏域単位の支援システムをとっている。圏域内には5つの通園施設と一つの児童発達支援センター，圏域全体の療育相談の窓口である障がい者総合支援センターがある。

（1）入園前支援

1）乳幼児健診

　健診が支援のスタートになり，その結果が支援体制の構築に生かせるよう，平成21年より保健福祉事務所を中心に圏域の保健師と心理士が健診項目を見直した。健診では，問診とともに児と親の行動観察を大切にした。具体的には，①M-CHAT導入によりASD傾向の子ども，②育児に負担を感じている親，③経済的基盤が脆弱な家庭，④親の精神疾患・発達障害などのアセスメントについて，焦点をあて健診の精度を上げた。

2）健診結果

　平成23年から26年の18ヶ月から36ヶ月にかけての健診結果の平均を図9-1に示す。とりわけ24ヶ月から36ヶ月にかけ要発達観察児，要母親支援，育児環境変化が増加する傾向がみられた。その要因として，この時期における発達段階の特徴である，強くなる意思表示や行動範囲の拡大などがあり，保護者はその対応に苦心することが増えるためと考えられる。

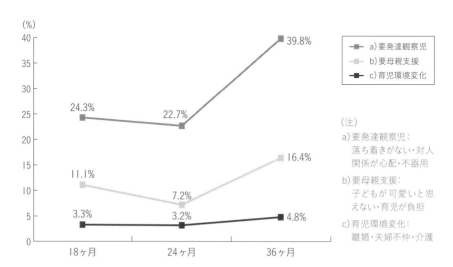

図9-1　平成23～26年諏訪圏域健診結果の平均

3）市町村における支援

　健診で気になる児と保護者には電話や個別訪問などの継続したフォローを行い，そのうち約40%が遊びの広場等に参加し，約10%が通園施設の利用に至った。また，心理士らによる発達相談や集団療育などを通し，とりわけ，18ヶ月児までの支援を行う中で，子どもの成長に引っ張られるかのように親が成長していくケースもみられた。さらに，児の発達特性による育てにくさに加え，経済的困難さ，親の発達障害，地域から孤立しやすい家庭状況などが重複した家族も少なくなかった。これらの問題に対し各市町村において，妊娠から成人に至るまで，福祉・教育・医療が途切れなく支援が行われる必要があった。そのため，子ども課・福祉課・教育委員会などからなる「子ども支援センター」が開設された（図9-2・次頁）。

4）圏域における支援

　市町村単位では対応困難な問題が以下のように挙げられる。
・好ましくない成育環境を背景にした，発達のひずみを持つ児
・精神疾患や発達障害など含め生活能力に欠ける保護者
・虐待や家庭内暴力が見られる家族

　これらの問題については，専門性を持った地域の中核病院や障がい者総合支援センター，児童相談所，福祉事務所が連携し，二次的問題の予防を含め教育・医療的支援並びに療育関係者への支援を行っている。

（2）入園後支援

　当圏域では，平成21年と26年に多機関の連携に基づいた支援のあり方を見直すために，「諏訪圏域の保育園・幼稚園・学校における関係機関との連携等に関するアンケート調査」（諏訪地域障害福祉自立支援協議会療育支援部会，2010）が実施された。その調査結果をもとに，入園後の支援について述べる。

1）要配慮児の増加

　平成21年度に比べ，平成26年度では園児数の減少は52名であり，8園が減少した。また，診断がなくても気になる児が増えており（表9-1・87ページ），要

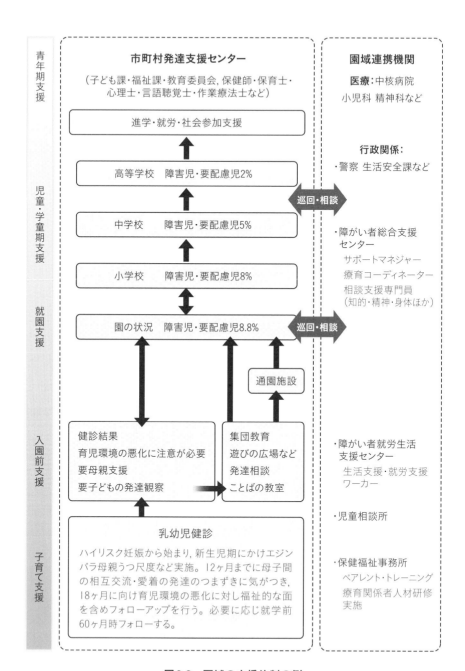

図9-2 圏域の支援体制の例

表9-1　幼稚園・保育園の在園数と要配慮児数（障害児数含む）

年度	園数	在園児数	配慮児数
平成21	75	5,693	4.6%（内訳：診断あり1.8% 未診断児2.8%）
平成26	67	5,641	8.8%（内訳：診断あり2.0% 未診断児6.8%）

　配慮児の26％に加配保育士が対応している．ただし，診断名がないと加配保育士がつきにくい現状や，医療機関へのつなぎに苦慮しているケースがみられる．配慮児数が増加したのは，児の発達について支援者側の意識の高まりと，診断されていないが基本的な生活習慣が身につかないなど，気になる児が増加したことも関係していると考えられる．

2）診断種別
　診断を受けている児の障害の種別は，ASDやADHDが約60％を占める（知的障害12％，染色体異常5％）．中核医療機関における発達外来の患者の内訳は，健診関係，保育園，療育コーディネーターらの紹介が約40％を占める．また，3歳までの初診が平成22年度の約2倍に増えている．この一因として，健診項目の見直しにより今まで以上に健診が早期発見・早期支援につながったことが考えられる．園で発達が気になる児の29％が3歳までに，53％が5歳までに受診していた．

3）家族支援の現状
● 医療機関から
　圏域内の中核医療機関において，発達が気になることを主訴に受診したケースのうち，支援が必要な保護者は66％であった（ネグレクト，お金の管理，受診予約の連絡，親の精神疾患・発達障害など）．また，発達が気になる児の8％が離婚家庭であった．つまり，医療機関の受診状況からみると，配慮が必要な児においては，ひとり親家庭や経済的な困難さを抱えているケースが少なくなく，福祉面・経済面の支援が求められている．現在，小児科を受診する新患者の大半は，保護者の了解を得て保健師・保育士などが同行し，医療と行政（保

健・福祉・教育）の連携を基にした。医療機関が中心となる支援会議は，年間約70件である。現状では医療費が払えず治療が途切れるケースも増えている。

●園の立場から

　園のアンケート調査結果においては，保護者に関する困り感が50％にのぼっていた。内容としては，「親に子どもの状態を理解してもらいにくい」「家庭の子育て能力が低下している」「保護者自身の支援が必要」などが挙げられ，児への関わり以上に，保護者との関係づくりに苦慮している状況が浮かび上がる。

4）圏域における取り組み

　これらのように，児と保護者双方への支援が必要な家族が顕著に増えているために，入園後の支援においては，福祉・医療・教育の連携が欠かせない。当圏域では，障がい者総合センター（工藤，2009）に籍を置き，全年齢の発達障害児者・家族を支える役割を担う発達障がいサポート・マネージャー1名（平成26年度：活動件数720件，当事者相談446件）と，県事業の委託を受け，圏域内の障害児の相談や関係機関との連携をとり療育支援を専門に行う，療育コーディネーター1名（平成26年度：機関支援301件，相談数984件）が，児と保護者ならびに園に対し支援を行っている。また，必要に応じ園と保護者との関係がスムーズにいくように，両者間に入り医療や福祉などの専門機関につなげる支援も行っている。

　また，巡回相談は市町村の専門支援員や，保健師・心理士・作業療法士・言語聴覚士らも参画し全園に実施されている。このような外部からの指導も取り入れ，配慮を要する児の約80％に個別支援計画が立てられている。就学支援は，要配慮児の半数は年中児から就学相談が開始され，そのうち保護者の同意を得て年長児の24％にプレ支援シートを作成している。各学校のセンター的な機能の一つとして特別支援学校ごとに，教育相談専任教諭として1名が配置され園を巡回し，子どもの検査や親並びに園の先生方の相談にあたる。実施主体が異なる放課後学童クラブなどには情報が伝わりにくい面もあり，特別支援教育コーディネーターとの連携を含め，さらに工夫していくことが必要と思われる。

5 今後に向けて

　現在，地域に根ざして子どもと家族への療育サービスを行う児童発達支援センターが増えつつあり，保育所等訪問支援含めその活動は幼児から児童まで広がりをみせている。これらは，身近で利用しやすい反面，児に関わる職員の多くが非常勤であり，研修が十分保障されているとは言い難い面もある。また，市町村単位での支援体制は財政的基盤やマンパワーの差異があることも否めない。今後，家族のライフステージに添い，地域と圏域内の関係機関が相互に協議し（自立支援協議会など）児のニーズに応じた「支援計画とサービス」の提供に向けて，地域づくりの視点も含め取り組んでいくことが求められる。

　平成27年4月より「子ども・子育て支援新制度」（内閣府・文部科学省・厚生労働省，2014）が施行され，市町村には5年間を計画期間とする「市町村子ども・子育て支援事業計画」を作ることが求められている。新制度では，地域型保育，認定子ども園などの形態や，地元行政による保育認定など，入園手続きが変わるほか，子育て支援拠点，ファミリーサポートなど，多様な子育て支援のメニューが提示された。実施主体である市町村は，子育て当事者も含めた「地方版子ども・子育て会議」を設置し，事業策定の審議，評価，見直しを行う事とされている。これらの支援メニューが，逆に保護者の育児能力や家族機能の低下に結びつく事がないよう，家族の全体像をふまえながらの支援に留意していかねばならない。

【引用・参考文献】

本田秀夫（2014）幼児期の発達障害に対する地域支援システム．精神科治療学．341, 121-125.

工藤哲也（2009）発達障害に対する家族支援と地域ネットワーク－長野県における取り組みから．Monthly book medical rehabilitation. 103, 63-70.

内閣府・文部科学省・厚生労働省(2014)．子ども・子育て支援新制度なるほどbook（平成26年9月改訂版）http://www8.cao.go.jp/shoushi/shinseido/event/publicity/naruhodo_book_2609.html

諏訪地域障害福祉自立支援協議会療育支援部会（2010）諏訪圏域保育園・幼稚園・学校における関係機関との連携等に関する調査報告．

第10章

早期療育から学校教育への移行

杉山　明

1 はじめに —— 事例から

○自閉スペクトラム症の診断があるAさんの事例

　Aさんは自閉スペクトラム症の診断を受けています。全般的な知的発達の遅れはないのですが，集団行動や対人的な関係に苦手さがあります。

　年長時に，地域療育センターの児童発達支援事業を利用することを助言され，地域の幼稚園に通いながら，週1回半日，療育センターでの小集団療育を受けました。子どもたちが興味を持ちやすい課題を通して，コミュニケーションや社会性にかかわる指導を受け，Aさんは自分に自信を持ちながら集団にかかわるようになってきました。

　次年度の小学校への就学について心配をしていたところ，通っている療育センターから「就学説明会」の案内が来たので参加しました。そこで市の教育委員会の特別支援教育担当者から特別支援学校，特別支援学級，一般学級，通級指導教室の学校種・学級種の違いについての説明と就学相談から入学までの流れについての説明がありました。就学までの流れについては後日療育センターでも何度かの学習会が開かれました。

　特別支援教育総合センターでの就学相談では小集団活動と個別の発達検査を行い，保護者は相談担当者との個別面談をしました。知的発達の様子からは一般学級での指導を受けることが適切だということ，また行動面・対人面で特別な指導を受けた方がいいとのことで，近く

の小学校の情緒障害通級指導教室を利用することとの判断になり，保護者もそれを希望しました。

　Aさんの保護者は地域参観等の機会を利用し，何度か小学校の見学をしました。また就学相談の結果を受け，学校長との面談も事前に行いました。児童支援専任の教員も同席していました。新しい場所や人への不安感や集団活動での苦手さを伝えました。子どもの特性についての理解をしてもらい，安心して入学式に参加できるよう前日に会場の見学をすることや，通級指導教室と連携を取っていくと話してくれました。

　入学する学校では，スタートカリキュラムの考えを取り入れた活動を行っていました。幼稚園や療育センターでの環境から，緩やかにスムーズに小学校生活への移行が考えられていました。

　平成24年に提出された中央教育審議会初等中等教育分科会報告（「共生社会の形成に向けたインクルーシブ教育システムの構築のための特別支援教育の推進」）において，「子ども一人一人の教育的ニーズに応じた支援を保障するために乳幼児期を含め早期からの教育相談や就学相談を行うこと」「乳児期から幼児期にかけて，子どもが専門的な教育相談・支援が受けられる体制を医療，保健，福祉等との連携の下に早急に確立することが必要であり，それにより，高い教育効果が期待できる」，また一貫した支援の仕組みとして，「可能な限り早期から成人に至るまでの一貫した指導・支援ができるように，子どもの成長記録や指導内容等に関する情報を，その扱いに留意しつつ，必要に応じて関係機関が共有し活用することが必要である」との報告が出されている。

　学校教育では，通常の学級に在籍する特別な支援を必要とする子どもたち（発達障害等の診断がある，またはそれに類する状況を示す）への対応が喫緊の課題である。横浜市においても特別支援教育総合センター（以下特総センター）の就学相談（次年度就学児童の相談）・教育相談（市立学校に在籍する児童生徒の相談）のうち，知的に遅れのない児童生徒の相談が70％〜75％を占めている状況である。特に就学後に集団生活での不適応が表出した事例については，授

業への不参加や不登校，自己否定や他罰的な言動など，副次的な症状が見られる状況で教育相談につながってくるものも多い。

　早期療育を受けてきた子どもたちをスムーズに学校教育に移行していくことと，学齢期になって不適応等の状況が表出した児童生徒に対して適切な指導支援に当たることが重要な課題である。そのために関係機関等との連携をより進め，早期の連携を取っていくことが大切だと考える。

　以下，横浜市での取組状況を紹介する。

2　就学までの流れ

（1）就学説明会

　平成25年9月の「学校教育法施行令の一部改正について（通知）」により，就学に関する手続きについて，保護者の意見を聴く機会を増やし合意形成を図ることが必要だとされた。そのために保護者に対しての就学先となる学校種・学級種の仕組みを正確に伝えることが大切である。

　特総センターでは，次年度就学する児童を持つ保護者を対象に「就学説明会」を行っている。横浜市内の各地域療育センター主催で約20回，特総センター主催で2回行い，延べ2000人ほどの保護者が参加している。

　特総センター会場では，市内の幼稚園協会や市役所内子ども青年局に保育園と幼稚園への周知を行い，就学前に療育センターとかかわりのなかった保護者に向けても就学に関しての説明を行っている。

　就学説明会では，小学校等での特別支援教育の考え方や学校種・学級種の説明と就学相談の流れについての説明を行っている。発達障害のある子どもについては通常の学級，特別支援学級，通常の学級に在籍し通級指導教室を利用するという3つの就学先が考えられる。その選択についての保護者の不安は大きい。「何を基準に就学先を考えればいいのか」「通常の学級の担任の発達障害への理解度はどうなのか」「校長先生に相談するのが不安」など，多岐にわたる質問が寄せられる。学級種による学級編成や教育課程編成の違い等を含め，学校のことを知ってもらうこと，就学相談に際しての不安を軽減することが大切だ

と考える。

（2）就学相談

　保護者からの相談申し込みを受け，特総センターで個別に就学相談を行う。小集団活動での観察と発達検査を行い，保護者の希望を聞きながら，学級種の合意形成を図る。1回の就学相談で就学先の合意形成が図れることもあるが，ケースによっては継続相談となる。継続相談時には指導主事が療育センターの通園施設や児童発達支援事業，幼稚園や保育園での様子を観察し，再度保護者との相談を行い合意につなげていく場合もある。

　就学相談での子どもの状況は，「就学相談報告書」として就学予定の学校に送付する。通級指導教室の判断が出た場合には該当の通級指導教室にも同様の内容を知らせ，子どもの支援方策の共有を図っている。

（3）入学指定校や通級指導教室の見学

　就学説明会や就学相談で，地域の小学校の見学することを勧めている。また通級指導教室の判断が出た場合には通級指導教室の説明会への参加を促している。まず入学する小学校への不安感を払拭し，保護者・子どもとも安心して通えることが必要だと考える。

　特別支援学級では，保護者の見学だけでなく就学前に児童が実際に体験入級を行うところもある。「今日一緒に勉強する○○さんだよ」と在籍児童に紹介し，その子に応じた課題を用意したり在籍児童と一緒に活動を行ったりして，学校生活の雰囲気を味わってもらう。保護者にとっては就学先の希望を考える機会ともなる。

（4）就学──スタートカリキュラム

　いよいよ入学を迎えると，保護者はまず学校に楽しく通ってほしいと願う。発達障害のある子どもたちは環境の変化に苦手感を持つ子が多く，適応度は環境に左右される場合も少なくない。

　スタートカリキュラムは，「小学校へ入学した子どもが，幼稚園・保育所・認定こども園などの遊びや生活を通した学びと育ちを基礎として，主体的に自

己発揮し，新しい学校生活を創り出していくためのカリキュラム」として，幼児期と児童期の教育の違いからくるギャップを円滑に移行していくためのカリキュラムであり，「安心」「成長」「自立」の視点で構成されている。特に「安心」の視点においては子どもの発達段階をふまえ，15分や20分のモジュールで時間割を構成したり，分かりやすく学びやすい環境設定をしたりすることで，発達障害のある子どもにとっても小学校生活へのスムーズな移行が期待される。

また入学に際して，管理職だけでなく特別支援教育コーディネーターを兼務する児童支援専任が幼稚園・保育園を訪問するなどして顔が見える関係を作ることにより，保護者の安心感につながる。

3 就学時の関係機関との連携

就学に際して，それまで子どもにかかわってきた療育センターや幼稚園，保育所からの情報を正確に学校に引き継ぐことがスムーズな移行につながる。

(1) 療育センターと通級指導教室との引き継ぎ

就学と同時に通級指導教室を利用する児童の多くが就学前に療育センターを利用している。各通級指導教室では5月から6月初旬にかけて療育センターとの引き継ぎが年間計画として位置づけられている。

市内の通級指導教室のうち9校の状況として，昨年度は164人，今年度は230人の入級児童について療育センターとの引き継ぎを行っている。療育センターの引き継ぎ担当者として，ソーシャルワーカー・担当保育士，児童支援事業延長など他職種に渡り，総合的な観点での引き継ぎがなされている（写真10-1）。

写真10-1　療育センターでの引き継ぎの様子

（2）療育センターと小学校との引き継ぎ

　児童が在籍する小学校においても情報の引き継ぎは重要な項目である。ある地域療育センターでは写真10-2のようなパンフレットを作成し，地域の小学校に呼びかけを行っている。特別支援学級に就学する場合には担任が療育センターを訪問したり必要な情報を引き継ぎしたりする機会が増えている。しかし通常の学級に就学する場合にはその機会は少なく，現状では療育センターからの働きかけが主であり，小学校での引き継ぎの意識はまだ薄い。特別支援教育コーディネーター協議会等での発信をさらに行い，入学先の学校の意識を高めていく必要がある。

写真10-2　地域療育センターの学校向けパンフレット

4　その後の関係機関間の連携

　就学時だけではなく，その後の関係機関間の連携も重要である。就学前に療育センターを利用していた児童の支援への連携のほかにも，小学校入学後に何らかの不適応を示し，特別な支援が必要になった児童に対しても連携が必要になる。

（1）学校支援担当者連絡会

　横浜型センター機能（図10-1・次頁）として，就学後の支援体制を設定している。学校側は支援対象や支援内容によって支援先を選択し，要請を行う仕組みである。

　年間2回，支援担当を担う機関の代表が一同に集まり，情報交換を行っている。それぞれの機関の学校支援の状況を伝え，情報を共有する。またそれぞれ

の担当者が一堂に集まることで，顔の見える関係を作り，その後の学校支援での連携が期待される。

（２）特別支援教育コーディネーター協議会

年間3回，市内全域で特別支援教育コーディネーター協議会を開催している。年度当初の第一回目は児童生徒指導協議会と合同開催としている。市内を東西南北の4方面に分け，それぞれの会場で小学校約80～100校，中学校約30～40校の特別支援教育コーディネーター（小学校では児童支援専任教諭が兼務），生徒指導専任が参加する。教育委員会事務局からは人権教育と特別支援教育の観点からの提言を行う。

会場でその方面の地域療育センターや通級指導教室の学校支援担当者を紹介し，横浜型センター機能の周知を行っている。年度当初に特別支援教育や児童指導生徒指導にかかわる学校関係者や関係機関の担当者が集まることにより，情

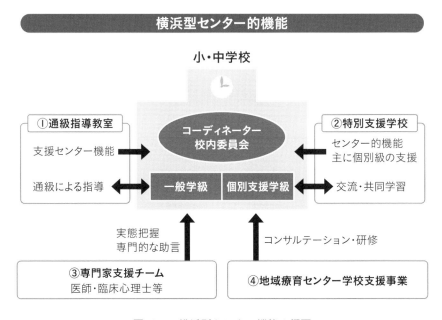

図10-1　横浜型センター機能の概要

報共有や，年間の流れの共通理解を図ることを目指している。

（3）医療と教育との合同事例検討会

　市内の通級指導教室担当者と地域療育センターの担当者（児童精神科医，臨床心理士，ケースワーカー等）が一堂に会し，通級指導教室に在籍している児童生徒の事例検討会を行う。双方で計160人ほどが集まり，一事例についての検討を行う。

　教育側（通級指導教室，在籍校）のレポート，療育センター側（主治医，心理士，必要に応じて作業療法士等の専門職）の療育期を含めたレポートをふまえ，会場の参加者を含めた検討会を行う。他の通級担当者から指導にかかわる意見が多く出される。医療側からは児童精神科医から子どもの見立てや治療法にかかわる様々な見解が出される。心理士や他の専門職からもそれぞれの立場からの考えが提案される。結果として，一定の見立てや今後の指導方針が出されるという成果と共に，参加者は子どもの特性や取り巻く家庭環境を含めた多面的なとらえ方を知ることができるという研修的な成果も得られる。

　市内全域での合同事例検討会だけでなく，東西南北それぞれの地区での事例検討会，通級指導教室と療育センターとの単独での事例検討会など，様々なレベルでの事例検討会が多く開かれている。

5　スムーズな学校教育への移行に向けて

　早期療育から学校教育への移行として，横浜市の例を紹介させていただいた。横浜市は早期療育の場や機会が充実しており，療育機関主導での移行支援が主であったと考えられる。数年前から地域療育センターの学童期支援事業が始まり，学校側が支援を必要とする児童生徒に対してのコンサルテーションを依頼するようになってきている。しかし，対処療法的な依頼も多く，予防的な視点での連携は未だ少ない。スタートカリキュラムの項で触れたように，「安心」できる環境の中で子ども一人ひとりが自信をもって「成長」することを促し，「自立」につなげていくことが望まれる。そのためにも学校教育側の移行の意識が必要になると考える。

6 おわりに

　教育現場で通常の学級や通級指導教室を担当してきた中で，様々な子どもたちとかかわってきた。子どもたちが発達の過程で，自分のことを知り，その上で自分の行動や感情をコントロールすることがより健やかな成長につながると感じた。「安心」できる場や人とのかかわりを得て，「自律」する術を身につけていくことが青年期・成人期の安定につながると感じる。

　全ての子どもが，どの教育の場においても，安心して就学を迎えられるように，移行の在り方，連携の在り方を考えていくことが必要である。

【引用・参考文献】

文部科学省，国立教育政策研究所, 教育課程研究センター（2015）スタートカリキュラムの編成の仕方・進め方が分かる スタートカリキュラム スタートブック．
横浜市教育委員会（2014）．自閉症の手引Ⅱ．

※本章の執筆に際して，よこはま港南地域療育センターおよび横浜市東部地域療育センターに協力いただきました。

第11章

当事者からみた
早期発見・早期療育・親支援

1 育児相談を受ける時に知っておきたかったこと

山口葉月

1 はじめて直面した時の不安

　筆者は，横浜市在住，自閉スペクトラム症の息子（11歳）と娘（8歳）の母親です。2人の子は，ともに療育センターの通園を経て個別支援級に在籍していますが，その子育てには大きな違いがありました。

　息子は区の3歳児健診で育児相談を申し込むように勧められました。体は大きくニコニコとよく笑う息子に育児相談が必要という事実はすぐには受け入れられるものではありませんでした。本当のところを言うと，周りのお子さんに比べて言葉の育ちが遅く遊び方も少し変わっていて，他の母親たちより毎日の子育てが大変に思えてはいたのですが，息子の成長はいずれ追いつくもので，自分が大変なのは私の母親としての資質が十分ではないのかと思っていました。その当時は「発達障害」という言葉を知りませんでした。

　母親同士が集まると，子育ての不安やストレスの話題でもちきりになります。おしゃべりが遅い，歩き始めない，寝付きが悪くて大変……それを「個人差」「ウチも同じ」「今はそういう時期」といった言葉に慰められ，自分だけではないと安心して，また子どもに向き合えます。私も同じように周囲の母親たちの言葉にすがって，きっと大丈夫と思いながら過ごしていたので，健診で育児相

談を勧められたのは衝撃的でした。今まで自分がいた場所から突然，孤独で日の当たらないところへ連れて来られたような心境でした。

　まず育児相談を申し込むことに葛藤がありました。我が子の「障害」を認めることは，子どもの可能性を見限ってしまうように感じたのです。これは多くの親が最初につまずくところだと思います。支援に向けての第一歩はとても大きいのです。しばらく逡巡し，やっとの思いで申し込んだ1回目の相談で，すぐに療育センターを紹介され，初診を受けるまでの半年間が私にとって最も辛い時期でした。私に知識がまったく無かったのが一番の要因ではあるのですが，不安だけを突きつけられて，その先の見通しがまるで持てなかったからです。

　乳幼児健診では心配のある子どもをすくい上げるだけで，その後の専門家の判断が必要なのはもっともなのですが，待機期間の長さは不安をつのらせるばかりです。私はやみくもに本やインターネットに向かい，息子に当てはまらないところを見つけては胸をなでおろし，また合致する特徴を見つけては落胆するということを繰り返していました。気持ちが不安定で感情のはけ口が子どもに向かってしまうような状態でした。

1　知っておきたかったこと

　今振り返ると，その時に必要だったと思えることは，断片的に集めた付け焼刃の知識ではなく，「もともと知っている」ということではないかと思います。一見では分からなくても，様々なハンディがあることがもっと知られていると良いのに，と今になって思うのです。詳しい知識は，当事者になれば否応なく学んでいくことになるので，「なんとなく知っている」という裾野が広がれば良いのです。そして重要なのは，「受け皿」も知られているということです。漠然とでも良いので，間違っていない理解と，自分の住んでいる地域にどんな受け皿があるかを知ることが，不安とのバランスをとるために必要ではないでしょうか。その「もともと知っている」という点が，3歳違いの娘の場合と大きく違うところでした。上の子に障害があると，とかく下の子にも神経質な眼を向けてしまいがちですが，そんな先入観にとらわれないように留意しても，娘が1歳になる前後から遅れが気になり始めました。ですが，どの時期にどこへど

んな相談をすれば良いかが分かっていたので，戸惑ったり過剰に不安になったりすることはありませんでした。

3 その後の療育の支え

　息子の療育センターの利用と前後して，地域にある訓練会にも通い始めました。訓練会は発達に問題を抱えた親子が定期的に通うところです。子どもは理解ある環境下で集団を経験できますし，親には仲間ができます。「ママ友」の輪の中にいながらも内心自分だけが孤独だと落ち込んでから半年，同じ気持ちで通じ合える人たちとの出会いは，私にとって大きな転機でした。不安も愚痴も温度差のない聞き手がいれば，笑い飛ばせる余裕が生まれます。

　一方，療育センターは，「遅れを取り戻してくれる所」と思っていましたが，それは間違いで，母親自身が「子どもの特性を知り，得意なことは何で，苦手なところをどうサポートするか」を考える場所でした。半分は子どもを，半分は親を育てるところだと感じました。親が子どもに与える影響がとても大きい幼児期に，専門性のあるスタッフの方々が共に考えてくれるというのは，大変に心強いことでした。

　幼児期以降も子育てはずっと続きます。親は子どもにしっかり寄り添って，良き理解者で，良き支援者で，そして少しずつ自立を目指して黒子（くろこ）になっていかなければなりません。学んでもなお理想的な母親にはほど遠い私ではありますが，それでも時々立ち止まって考えることができるのは，早い時期から私も一緒に療育を受ける機会に恵まれたことと仲間を得たことによる支えがあるからだと思います。私たち親子は幸いにして幼児期からの療育を受けることができましたが，今この瞬間も孤独に悩んでいる人がたくさんいるでしょう。より多くの人に，いち早く支援の手が届く環境が整っていくことを，当事者の一人として切に願います。

2 療育の経験を通して学んだこと・変化したこと

北野　希

1 はじめに

　早期診断のメリットは何かと聞かれたら，「息子の特性を知ることで他の子どもと比べることなく個人内差で見ることができたこと」をまず挙げたいと思います。卒乳に始まり，おむつ外れ，言語情緒のことなど，息子の発達は他の子どもとも違い，育児書とも全く異なっていました。その際に親である私が「何でうちの子はできないんだろう？」と思わずに「息子には息子の成長の速度とアプローチ方法が違うんだ」と思えたことで，子育てを息子のペースで進めていくことができたように思います。

2 出生から診断が出るまで

　息子の創眞（そうま）は，2007年の春に産まれました。出産後，一日中泣き続け，眠らない息子を見て，2人目の出産だった私は「女の子と男の子ではこんなにも違うの？」と戸惑ったことを覚えています。些細な音にも反応し，火がついたように泣いて眠らない生活は退院後も続き，娘の世話に手が回らない日々になりました。「どうしてこの子はこんなに泣くんだろう？　抱っこしてもどうして反り返って泣き叫ぶんだろう？」という疑問がいつも頭の中をぐるぐる回り続けていました。寝返りもお座りも他の子と同じ時期にできるようになっているのに，情緒の面だけが違う。何がそんなに嫌なのか，その原因を一刻も早く知りたい。そう思った私は10か月健診の日，保健師さんに息子の様子を伝えました。その頃の息子は喃語を全く使うことのないまま二語文を話すようになって

いました。しかし，言語は発達しているのに情緒はいつまで経っても安定しない。離乳食を受け付けず口に入れると手で掻き出して泣いて投げつける，夜は眠っても1時間半，小さな音にも反応してしまうため，我が家はテレビも音楽も全くない生活になっていました。結局，1歳半まで健診で様子を見ていくことになりました。

1歳半を迎えた息子は，以前にも増して過敏になり，家以外の場所や予定外の行動でもかんしゃくを起こすようになっていました。買い物にも銀行にも娘の保育園にも行くことが困難になり，私はどうしたら泣かずにかんしゃくを起こさずに過ごせるのだろうと模索していました。そんな中での診察の日，先生には，開口一番「この子本当によく泣くね。お母さん疲れない？」と言われました。それを聞いたとき，専門家の先生も「よく泣く」と思うほど息子は泣くんだ，と思ったのを覚えています。息子の泣き叫ぶ声に24時間悩まされていましたが，「子どもは泣くもの」という世間一般の常識を私が理解できないんだ，泣き声だけに悩んでいるなんて母として駄目なんだ，と思っていたので，先生の言葉を聞いて，気持ちがスーッと楽になりました。その場で自閉症スペクトラムという診断名が先生の口から伝えられましたが，同時にこの病院では定期的に様子を診ていくことしか今はできないとも告げられました。診断が出たからといって息子の泣く原因を知ることはできないのだと肩を落として帰ってきました。

3 療育を通して変化した意識

その後，診断名は付いたものの息子の生活に何も変わりはなく，何とか今よりも息子の生活の質を上げたいと思う一心で，さまざまな機関へ連絡し，辿り着いたのが当時の児童相談所，現在の「こころの発達支援センター」でした。その時，息子は2歳。相談所の療育は3歳〜6歳児が対象だったのですが，空きがあったので入れてもらえることになりました。センターには，週1回のペースで小学校入学まで通いました。

療育を受けていく中でまず私の意識が変化しました。息子の特性を理解することができたことで，何かを行う際に息子には息子のアプローチがあることを

学べました。そして私の都合で息子を動かすのではなく息子のやり方やこだわりを尊重し私が息子に合わせることで息子の生活の質は向上してくことを知りました。大切なのは息子の世界を知り，そして私が寄り添う，この2つを学んだことによって，息子の生活の質はもちろんですが，私自身の生活の質も上がっていきました。泣いているだけだった息子が徐々に機嫌のいい時間が増えていきました。

　そんな折，おむつ外れの時期を迎えました。私は息子の意思を尊重し，方法はこだわらないことを決め，息子とは言語でのコミュニケーションがとれていたので，時期を見て本人に「そろそろおしっこをトイレでしてみない？」と，聞いてみました。すると，息子の返答は「3歳になったらトイレでする。それまではおむつで」というものでした。半信半疑でしたが，息子の言葉を信じようと思い，カレンダーで誕生日にマルを付けて「この日からね」と確認をしました。何度も同じことを言われるのを嫌がるので，トイレのことはそれ以降口には出さず，毎日カレンダーを一緒に見て「〇月〇日だね」とだけ確認していました。

　そして3歳の誕生日の朝。私が眠っていると，息子は私の枕元に立ち，私を起こしてこう言いました。「ママ，創ちゃんおしっこしたいんだけどどうする？」。「えっ？　じゃあトイレに……」とあわてて連れて行くと，1回目のトイレはあっさり成功。すると，息子はその後おむつを履くことはなく，トレパンも拒否，そして夜もパンツを履いて寝て，結局，一度もおねしょなどの失敗をすることなく，おむつを卒業してしまいました。

　もし私が息子の特性を知らなければ，育児書通りトイレに何度も誘い，トレパンを履かせ，失敗を繰り返し，息子の自尊心を傷つけていたかもしれません。この出来事をきっかけに，私は，息子には息子のゴールとゴールまでのアプローチがあることを知り，できる限り何かを行う際には，子どもだからといって意見を聞かずに進めて行くことは止めようと思うようになりました。

4　就学，そして現在

　小学校の選択も大きな課題でした。ていねいに文字を書くことに重きを置い

ていない息子にとって，覚えているのに何度も書くという作業は苦痛でしかなく，いわゆる昔ながらの「読み書き計算」の勉強に価値を置くような学校では，勉強嫌い，学校嫌いになるのではないかという思いがありました。また，頭ごなしに大人の価値観を押し付けられるのを嫌うところもあるので，何とか息子の良さに目を向けて伸ばしてくれる学校はないだろうかと考えていました。そんな中，一校だけ息子の特性に合った教育法を行っている学校に出会うことができました。息子一人で電車通学をしなければならないこと，進学校の1つであるため勉強が大変そうなことなど課題はありましたが，本人が強く望み，良い環境であるならば行かせてみようとその学校に進学を決めました。

　8歳になった息子は，気難しさと理屈っぽさはあるものの，彼自身の良さである積極性が表に出てきたように思えます。普段の生活は自閉症スペクトラム特有の変化を好まない性格で，朝5時には起床して20時には就寝するという規則正しい生活に，365日同じ食事をとり，服も靴も同じメーカーのものをデザインも変えず8年間サイズだけ変えて使っています。生まれもった自閉症の特性はそのままですが，明らかに息子の生活の質は向上しました。今の息子があるのは，私が育てたからだけではなく，息子にかかわってくれた人たちが息子と私を育ててくれたと思っています。

▍著者紹介 (執筆順)

本田秀夫	(ほんだ・ひでお)	信州大学医学部子どものこころの発達医学教室教授，信州大学医学部附属病院子どものこころ診療部部長
若子理恵	(わかこ・りえ)	豊田市こども発達センターセンター長，児童精神科医師
稲田尚子	(いなだ・なおこ)	帝京大学文学部心理学科准教授
今井美保	(いまい・みほ)	横浜市西部地域療育センターセンター長
日戸由刈	(にっと・ゆかり)	相模女子大学人間社会学部人間心理学科教授，公認心理師，臨床心理士，臨床発達心理士
岩佐光章	(いわさ・みつあき)	横浜市総合リハビリテーションセンター発達精神科医師
吉川　徹	(よしかわ・とおる)	愛知県医療療育総合センター中央病院子どものこころ科（児童精神科）医師，あいち発達障害者支援センター副センター長
工藤哲也	(くどう・てつや)	信濃医療福祉センター臨床心理士
杉山　明	(すぎやま・あきら)	横浜市立仏向小学校教諭
山口葉月	(やまぐち・はづき)	保護者
北野　希	(きたの・のぞみ)	保護者

監修者紹介

柘植雅義（つげ・まさよし）

　筑波大学人間系障害科学域教授。愛知教育大学大学院修士課程修了，筑波大学大学院修士課程修了，筑波大学より博士（教育学）。国立特殊教育総合研究所研究室長，カリフォルニア大学ロサンゼルス校（UCLA）客員研究員，文部科学省特別支援教育調査官，兵庫教育大学大学院教授，国立特別支援教育総合研究所上席総括研究員・教育情報部長・発達障害教育情報センター長を経て現職。主な著書に，『高等学校の特別支援教育Q&A』（共編，金子書房，2013），『教室の中の気質と学級づくり』（翻訳，金子書房，2010），『特別支援教育』（中央公論新社，2013）『はじめての特別支援教育』（編著，有斐閣，2010），『特別支援教育の新たな展開』（勁草書房，2008），『学習障害（LD）』（中央公論新社，2002）など多数。

編著者紹介

本田秀夫（ほんだ・ひでお）

　信州大学医学部子どものこころの発達医学教室教授・信州大学医学部附属病院子どものこころ診療部長。精神科医師。東京大学医学部医学科卒業後，東京大学附属病院精神神経科，国立精神・神経センター武蔵病院，横浜市総合リハビリテーションセンター，横浜市西部地域療育センター長，山梨県立こころの発達総合支援センター所長，信州大学医学部附属病院子どものこころ診療部長を経て，2018年より現職。特定非営利活動法人ネスト・ジャパン代表理事。主な著書に，『幼児期の理解と支援－早期発見と早期からの支援のために（発達障害の臨床的理解と支援2）』（共編著，金子書房，2012），『自閉症スペクトラム－10人に1人が抱える「生きづらさ」の正体』（ソフトバンク新書，2013），『子どもから大人への発達精神医学―自閉症スペクトラム・ADHD・知的障害の基礎と実践』（金剛出版，2013）など。

ハンディシリーズ 発達障害支援・特別支援教育ナビ
発達障害の早期発見・早期療育・親支援

2016年 2月27日　初版第1刷発行　　　　　　　　　　　　　［検印省略］
2023年 2月 7日　初版第5刷発行

監修者	柘植　雅義
編著者	本田　秀夫
発行者	金子　紀子
発行所	株式会社　金子書房

〒112-0012　東京都文京区大塚3-3-7
TEL　03-3941-0111㈹
FAX　03-3941-0163
振替　00180-9-103376
URL　https://www.kanekoshobo.co.jp

印刷／藤原印刷株式会社　製本／一色製本株式会社
装丁・デザイン・本文レイアウト／mammoth.

© Hideo Honda, et al., 2016
ISBN 978-4-7608-9545-8　C3311　Printed in Japan

> ハンディシリーズ
>
> # 発達障害支援・特別支援教育ナビ
>
> ―――― 柘植雅義 ◎監修

〈既刊〉

ユニバーサルデザインの視点を活かした指導と学級づくり
柘植雅義 編著
定価 本体1,300円＋税／A5判・104ページ

発達障害の「本当の理解」とは
―― 医学, 心理, 教育, 当事者, それぞれの視点
市川宏伸 編著
定価 本体1,300円＋税／A5判・112ページ

これからの発達障害のアセスメント
―― 支援の一歩となるために
黒田美保 編著
定価 本体1,300円＋税／A5判・108ページ

発達障害のある人の就労支援
梅永雄二 編著
定価 本体1,300円＋税／A5判・104ページ

発達障害の早期発見・早期療育・親支援
本田秀夫 編著
定価 本体1,300円＋税／A5判・114ページ

学校でのICT利用による読み書き支援
―― 合理的配慮のための具体的な実践
近藤武夫 編著
定価 本体1,300円＋税／A5判・112ページ

発達障害のある子の社会性とコミュニケーションの支援
藤野 博 編著
定価 本体1,300円＋税／A5判・112ページ

発達障害のある大学生への支援
高橋知音 編著
定価 本体1,300円＋税／A5判・112ページ

発達障害の子を育てる親の気持ちと向き合う
中川信子 編著
定価 本体1,300円＋税／A5判・112ページ

発達障害のある子／ない子の学校適応・不登校対応
小野昌彦 編著
定価 本体1,300円＋税／A5判・112ページ

教師と学校が変わる学校コンサルテーション
奥田健次 編著
定価 本体1,300円＋税／A5判・112ページ

LDのある子への学習指導
―― 適切な仮説に基づく支援
小貫 悟 編著
定価 本体1,300円＋税／A5判・108ページ

高等学校における特別支援教育の展開
小田浩伸 編著
定価 本体1,300円＋税／A5判・112ページ

大人の発達障害の理解と支援
渡辺慶一郎 編著
定価 本体1,300円＋税／A5判・112ページ

※いずれも予価1,300円＋税, 予定頁数104ページ　※タイトルはいずれも仮題です。

刊行予定
- ◆ 特別支援教育とアクティブラーニング　　　　　　（涌井　恵 編著）
- ◆ 発達障害のある子のメンタルヘルスケア　　　　　（神尾陽子 編著）
- ◆ 通級における指導・支援の最前線　　　　　　　　（笹森洋樹 編著）
- ◆ 発達障害のある子の感覚・運動へのアプローチ　　（岩永竜一郎 編著）
- ◆ 発達障害のある子の余暇活動支援　　　　　　　　（加藤浩平 編著）
- ◆ 外国にルーツを持つ子どもへの学習支援　　　　　（齋藤ひろみ 編著）